伊勢神宮 内宮正宮（写真提供：神宮司庁）

常世《とこよ》の浪の重浪《しきなみ》帰《よ》する国・・・伊勢は日本人の心のふるさと

新装版の発刊によせて

本書が初めて出版されてから既に三十六年の歳月が経過しましたが、二十一世紀も四半世紀となる中で、ご承知のように新規感染症の拡大と戦争の惨禍は止まず、内外の情勢は極めて混沌として厳しさを増して、人類存亡の危機を招来しています。鴨志田恒世先生が目指された世界の実現には未だ至っておりません。そうした中で鴨志田恒世先生の生誕から百年を迎えるに至り、本文の中での誤植が数十か所に上ることが判明しながら長きに亘ってそれを放置していることに、教えを受けた私達の責任を痛感し、また世界と日本の現状を深く憂慮して、ここにその誤植を訂正して、先に出版いたしました「幽玄の世界」の追補版から極めて重要と思われる三つの章を抜粋し、併せて「幽玄の世界」―神道の真髄を探る―の新装版として出版することといたしました。

報道によれば科学技術の粋を集めた探査機「はやぶさ2」が地球から三億キロ離れた小惑星「リュウグウ」から持ち帰った砂から数十種類のアミノ酸が発見され、更に水の存在も明らかになろうとして生命の宇宙起源説を裏付ける証拠の一つとして注目を浴びています。よく考えて見ますと人間にあるものが宇宙にない筈がないのであって、人間が小宇宙（ミクロ・コスモス）と言われる所以でもありましょう。そして今般発見された物質は生命の材料であって、生命そのものではありません。

そして依然として生命の本体は謎に包まれています。生命の本体は何処にあるのでしょうか。

私達人間は生きているのであって、喜怒哀楽の感情を持ち、考える力を以て森羅万象に想いを馳せ、真善美を求め、宇宙の真理を探究しようとしていることこそ驚嘆すべき生命の事実ではないでしょうか。古代の哲学者が「汝自身を知れ」と喝破した所以もそこにあると思われます。

本書は、神と共に生き祖霊と共に生きる惟神の道を明らかにし、益々混迷を深める世界情勢の中にあって、神なき時代に民族の故郷、生命の本質にいざなうと共に、今後の人類の新しい未来を切り拓くための道標としての伝統的日本の叡智を教示しているものです。

更に本書の内容は、神々は実在されること、そして宇宙は私達が住む銀河系宇宙はいうに及ばず、目に見えるものも、目に見えないものも一切合切を含めての大宇宙が存在すること、また人間の本質は肉体を通して行動する見えざる精神的実体（魂）であり、永遠に進化向上する存在であることを明らかにしています。

更に簡潔にいえば「大宇宙における生命の一大体系」を明らかにし、生命至上主義を掲げるものなのです。

本文に「私は今後の日本が世界に対して演ずべき役割の重大さを痛感し、人類の精神文化史的観点より『二十一世紀は日本の世界である』と言いたい」「日本は正に天上の儀を備えた国であり、私はこよなく日本を愛し、日本に生を享けたことを心から喜び、この大いなる人類史転換の天の時に、日本人として日本に生活していることの有難さを心の底から感謝している」と記されています。

神道に関心を持たれ、人生如何に生くべきかと真剣に真実を求める読者諸兄姉におかれましては、改めて本書から先生の想いに共感され、伝統的日本の心の素晴らしさを再発見し、日本人としての矜持を取り戻して、それぞれのおかれた状況の中で、心を尽くして日本国の安寧と文化の発展に貢献されることを心から願うものです。

令和四年十月吉日

わたつみ友の会広報部

まえがき

さきに私は潮文社の小島正社長のご厚意により、「深層心理の世界―人間性の回復をめざして」という拙著を出版したが、発刊以来、全国各地の読者から、感激や激励の電話や手紙を戴き、また深刻な人生の悩みをいだいて、遠近の人々が私を頼って東京の診療所や、日立の自宅まで相談に見えられ、私は多忙な中にも面接して色々な相談にのって上げたり、また、現代医学に見放された不治の病いを治してあげたりで、大勢の方々から非常に喜ばれ、著者として、些かでも世のため、人のために役立つことができたことを望外の喜びに思っている。

日本の驚異的な経済的発展の中で、「豊かさの中の貧困」と言われるように、日本の世の中も経済的裕福さだけでは人間は決して幸福になれないという現実に目覚め、精神的豊かさを求めて、いわゆる「精神世界」と呼ばれる一連の心理学、超心理学、深層心理学、宗教などの出版物が数多く出版されるようになり、特に日本の神道への関心は国の内外に亘って、非常な熱心さで期待が寄せられるようになった。そのような折柄、編集部から、今度は日本の神道に関する著書を出版して欲しいとのお申し出があった。

戦後の荒廃から僅か数十年にして、日本は今や世界第三の経済大国に成長したが、この背後には、日本古来の神道思想が存在することに気付いた外国の識者達は、異常なまでの熱心さで、神道の研究をし、私の古い知人で、数年前、故人となられたフランス人で、スイスのジュネーブ大学教授であった、ジャン・エルベール博士は、「神道―日本の源泉」を著され、外国人の従来の日本神道に対する偏見を是正し、日本及び日本人の再認識に大きな役割を果したばかりでなく、日本の神職をはじめ、宗教界に大きな貢献をされたことは既に周知の通りであり、今後の日本と世界の平和と福祉にとって、誠に喜びにたえない。エルベール博士はキリスト教徒ではなかったが、西洋のキリスト教的思想の中に育ち教養を積まれたが、かねて印度の仏教に注目し、自ら印度各地を訪ねて修行に励みながら、比較宗教学者として仏教の研究に励まれたが、ある知人から仏教の真髄が知りたかったら、日本へ行って日本の神道を学ぶよう助言を得て、戦後、十数回日本を訪ね、「神道―日本の源泉」を著された。

私が宗教的な方面に眼を注ぐようになったのは、本文にも書いているように、既に幼少の折からで、仏教やキリスト教に深い関心を寄せ、釈迦やキリストの世界に深く感動した。しかし、真の魂の満足には至らず、もっと高く深い真理が、この世の中にはある筈であると信ずるようになり、旧制中学生の頃から日本の神道に深い関心を寄せるようになった。

日本最古の古典である古事記の天地創造の神話は、我われ現代人には縁のないような、雲の上の話を述べているように感じられるかも知れないが、それは大変な誤解であって、これは現実の我われに深い関係を持っているのである。

即ち、人間が生命として、母親の胎内で受胎し、十月十日でこの世に呱々の声を挙げていく、その生命誕生の過程と、天地創造の創成神話との間には、極めて重大な相関性を見出すのであるが、この創造の原理を神話の形を通して、そこに比喩的に象徴しているものであることを知るならば、如何に日本の古事記が素晴らしい真理の書であるかということが分ると思う。

我われはこういう象徴的真理を把握し、近代科学の実際を踏まえながら、新しい人間の生き方を身につけていくこと、物ごとを根本的に深く考えていくことが、非常に重要なことがらであると思う。

最近の医学的知識によると、人間の精子と卵子が合体して受胎が成立する時、ちょうど火山が爆発して噴火する時のような現象が卵子から起こり、そしてしばらくすると、その卵子は謎の左廻転を始めることが知らされている。地球も左廻転であり、電子も左廻転であり、人間の指紋も左に渦を巻き、人間の頭脳も左半球が働いている。また、初生児が産道を通過する時も左廻転である。これは大変興味深いことである。

古事記によれば、イザナギの神、イザナミの神が、淡路島で天の御柱を見立てて、「汝は右より廻り逢え、我は左より廻り逢わむ」と詔り給うて天の御柱を廻り合われたと書かれているけれども、これは単なる偶然の思い付きではなく、創造の原理を比喩的に表現したものであって、これは人間出生の秘儀と密接な関係があるのである。

このように日本の古典は安直に読み過すと、偶然で、何の変哲もないように見えるのであるが、そこには幽玄な天地創造の秘密が隠されているのである。そのように眼光紙背に徹する眼で古典を読まなければ、深遠な天地の真実には触れられないであろう。

日本の民族ということ、さらに日本の神ということについて認識を新たにしていただきたい。しかも、古事記はたんなる過去の物語ではなく、今日、日本の人々が真剣に考えて、今後の人類の進歩のために、どうしても通過しなくてはならない関門であり、千古の課題であると思う。

平面的な合理主義に打ち砕かれ、人類の滅亡の危機に瀕して、狼狽している西洋の文化人達が、東洋の叡智、特に日本の古代の思想に心をひかれ、異常なまでの熱心さで、日本の生え抜きの神道思想を学ぼうとしているのは、決して偶然ではなく、また、一時的なブームでもない。

しかし、残念ながら日本の現状を振り返って見ると、この日本の神について、日本の惟神《かんながら》の道について、生命の事実に即して、真に神の偉力を発揮し得る人間が、今日、日本に極めて少ないのである。この事実をよく認識しなければならないと思う。日本はやがて外国の人から、日本の神のことを教えられるような時代が来かねないのである。

私は全国各地のお宮を参拝して見て、どんなに大きなお宮でも、神様がお出でにならないお宮もあるし、小さく、古びたお宮でも厳然として、神様がお出でになるお宮が存在していることを現実に体験しているのである。

ところで、神様がお出でになるとか、ならないとかいうのは、一体どういうことなのかと言えば、天界からそのお宮に霊線が掛っているお宮が神様がお出でになるお宮であり、霊線の切れているお宮が神様がお出でにならないお宮である。これは人間の理性とか、悟性とか、そういう心の次元の能力では、断じてその事実に触れることは出来ない。どうしても、少なくとも理性以上の叡智という心の能力を発揮出来るようにならなければ、この事実には触れられない。また霊的な能力にも無限の段階があり、またこれを我がものとするためには、厳重な修行の道程があり、また段階があるのである。

認識の対象として目に映ったり、耳に聞こえたりしなくとも、そのお宮の前に恭敬の心をもって佇むならば、ここに神様がお出でになるとか、ならないとかが直観で分かるようになるものである。こんな狭い日本列島に十万以上のお社が存在するなどということは、世界中何処にもないことである。正に日本は神国である。しかも、そこには厳として神々が在すのである。

私は昭和四十八年五月上旬、日本最古のお社として有名な淡路島の伊弉諾神宮《いざなぎじんぐう》に、初めて御参拝したのであるが、午前五時、まだ明けやらぬ早朝、神宮の御門をくぐり、そのお宮に昇殿してご参拝の折、そこで私は常識では到底理解出来ないような、俗にいう霊的な神秘的体験をした。古来、「言う者は知らず、知る者は言わず」という喩えがあるように、この事実については今日まで何人にも一言もその真相を述べてはいない。私はその大いなる事実に感動し、しばし感涙に噎《むせ》んだのであるが、丁度その時、それと時を同じくして境内にいた雄鶏が、この拝殿に上って来て、私の左前方二米ほどの所に立ち止って、夜明けを告げる鬨《とき》の声を挙げて何度も繰り返し、また、これに相和するように、境内の庭の木に止っていた数羽の山鳩が合唱を始めた。更に、その境内の御門の前にある池の鯉が、金色の鱗を見せて、何度も何度も水面から踊り上って、この小さな動物達が大合奏を演じたのである。

まさに神と自然と人間の素晴らしい調和そのままの姿である。私はここに神代の天の岩戸開きの絵巻きさながらの、生きた荘厳な事実をそこに見、体験したのである。この事実を目の当たりに体験した私の数人の同行者達も、期せずして一様に感嘆の声を放ち、感涙を流したのである。日本の神は決して遠い昔の語り草ではない。厳として神は在すのである。

さらに、私はそれから紀州に渡り、日前《ひのくま》神宮において宮司さん立ち合いのもとで正式参拝をしたのである。宮司さんはじっと私のご参拝の様子を見ておられたが、私はこのご神前において、大方の皆さんは体験したことはないであろう、太陽の光の数倍に上る、何万燭光とも知れないような大いなる光に包まれ、霊的な現象を体験して、私は誠に恐懼《きょうく》感激したのであった。

私はご神前から辞去した時、七十歳をとうに過ぎたその宮司さんは、私のご参拝の方法が、古式に則った最も丁重な礼拝の方法であることを讃えられ、自分達は普段そのような丁重な礼拝をしていないことを恥ずかしく思うと言われ、私を拝殿の裏庭に案内されて、「実は戦後二十八年、誰にもこのことを話したことはないのですが、今日初めて申し上げます」と前置きされて、そのお宮の来歴と、そのお宮の古い祀り方と、その秘められた神秘な体験の事実を私に述べられたのである。それは私が先程体験した事実とちゃんと一致していたのである。

このお宮には一年に五十〜六十万人の人達が参拝すると言っておられたから、戦後二十八年間には、少なくとも一千五百万人前後の人達がこのお宮に参拝している筈であるが、私がこの一千五百万人の中の唯一人、戦後初めてこの神秘な事実を伝え聞いたのである。

日本にはそういう風に、厳として事実が存在しながら、決して口外しない、いわゆる「惟神《かんなが》言挙げせぬ」事実が沢山存在するのである。

本当の神秘な事実というものは、本や文献には決して書かれてはいないのである。生きた人間から人間を通して、さらには人間以上の世界から、直接資格を与えられた人間に伝えられて来るものである。今後、人間は理性という知的能力に満足して、叡智を開発することなしに、断じて真の神の事実には接しられないのである。

今日まで人類が神として拝んだ神は、人間の思いの神であり、人間の憧れの神であり、人間が創った神であって、天地実在の神ではないのである。このことをくれぐれも間違わないようにして、不可見界の無限次元に亘る実在と、生命の事実の世界にもっと真剣に思いを致して欲しいと思う。

「一年の計は元旦にあり」と言われるように、年頭に一年の幸福を祈る気持ちは、日本人に共通の心理であるが、その初詣に全国各地の有名な神宮、神社には数百万、いや数千万の老若男女が押し寄せている。特に若い人々は、無宗教であると考えている人々が多いにも関わらず、正月の初詣には、むしろ若い人々の方が多いのも、近年の興味ある現象である。しかもその祈りの対象が、平素は見向きもしない神社であることは、不思議とも言える風景であるが、それが平均的な日本人の深層意識であることも事実である。

神道は宗教というよりも、遠く日本民族の古来の社会的習俗と深く結びついているために、宗教か、習俗かに論議が分かれ、憲法上の論議ともなったことは周知の通りである。戦後、神道と言えば超国家主義のイデオロギーのように思っている人々も、決して少なくないようであるが、戦争中の悪い思い出と結びついて、その原因を神道に帰し、神道を著しく誤解していることが多くはなかろうか。

よく、日本的という言葉から連想されるのは、正月の行事や、門松を門前に立て、鏡餅を床の間に飾り、お屠蘇を酌み交わすことなどに見られるように、人の心を和ませる日本ならではの風景である。

今日のように絢爛たる科学技術の発達により、原子力エネルギーが開発され、コンピュータの飛躍的発達による情報化社会の出現、さらに地球の周りには人工衛星が飛びかい、宇宙探査機が太陽系宇宙の彼方の状態を克明に地上に知らせて来る情報を、我われは茶の間に居ながらにして、これを受信できる時代に生き、また生命科学の進歩により、遺伝子工学の驚異的な発達を見るに至り、生命の聖域にまで這入り込もうとしている時代にも、このように科学技術の先端を行く現代に、なお古代的な要素が生きていることは、誠に驚異というべきであろうが、それにしても、神道は今も我われ日本人の心の中に生き続けていて、日本人の精神生活の深層部を支えているのである。

また西洋二千年の文化史を繙《ひもと》く時、その信、無信を問わず、政治に経済に、美術に音楽に、はたまた彫刻や建築など、芸術の多方面に亘り、キリスト教の息吹きが一貫して流れていることが明瞭にみられるが、西洋の文化の実相を理解するためには、キリスト教の思想が充分に理解されなければならない。

これと同じことが日本の文化史を繙《ひもと》く時にも言えると思われる。日本の文化の底流には一貫して神道の精神がその中心を成している。絵画や彫刻の美術、芸能や建築、茶の湯や生け花、伝統工芸や日本庭園などに、神道の思想があり、伝統的日本の心などと表現される言葉の背景には古来、日本人が気付かぬままに持ち続けてきた心の中核には、日本の神々があり、神道の思想が意外なほど広く、深く滲透しているのである。

春ともなれば、かげろう萌える春の野に、堅い土壌を破って葦の芽の角ぐむ生命力の偉大さに驚嘆した我われの遠い祖先は、この現象の背後に神秘な幽玄の世界を直観し、それを神と称したのであるが、これは我われの祖先の偉大さを物語るものであり、自然の大法のままに、神と自然と人間の調和こそ日本神道の特質である。イギリスの歴史学者アーノルド・トインビー博士は、日本神道を評して、「非人格的自然を通しての実在崇拝」と称しているが、わが神道の真髄を評し得て妙である。元来、自然には自然の法則があり、我われの祖先はこれを神と呼び、自然としての山そのものをも神として崇め、聖域としてこれを汚すことを憚《はばか》ってきたのである。これがわが日本神道の真の原初形態である。

本田親徳翁《ほんだちかあつ》は、「神と言えば皆同じくや思うらん。鳥なるもあり、石なるもあり」と詠んでいるように、我が神道は宗教的神秘力を備え、人間が崇拝するに足るものは皆「神」として崇め祀ってきたのである。したがって、神の認識も無限の次元に亘ることを理解しなければならない。

魂の故郷を喪失して、無味乾燥な荒野をさまよっている文化人と称する現代理性人が、不信と猜疑心から、孤独に苛まれながら漸く精神世界に目覚めて、新しい神を求めているのが昨今の現状である。しかし、二十一世紀を間近に迎えようとしている現代人の神は、理性に嘲《あざけ》られる神ではなくて、理性を跪《ひざまず》かせる神でなければならない。

本書は私の幼少時からの色々な体験を通して、天地のもろもろの神秘に触れ、生命の神秘の実相を求めて、精神的修練を修め、さらに永く自然科学、哲学、宗教の世界を遍歴して、これら三つの柱を軸とした孜々営々《ししえいえい》たる真理への歩みを、事実のままに書き綴ったものである。

本書は、一般の読者を対象としたもので、専門書ではないから、なるべく平易な言葉を用い、専門的な問題に深入りすることを避けたが、古事記は日本最古の貴重な古典であるから、些か専門的な解説をしたが、紙数の都合もあり、原稿を大幅に割愛されたことは極めて残念であるが、これはいずれ他日に譲ることにしたので、読者に取っては理解し難い点も少なくないと思うが、大方の理解に入るよう努力したつもりである。読者諸賢のご海容を乞うものである。

日本の神道に関心を持ち人生如何に生くべきか、と真剣に真実を求める方々に、少しでもお役に立てれば著者として大変幸甚である。

本書の出版に当り、原稿の整理に大変厚意あるご協力をいただいたアド・ブレン・ルーム社長樋原茂則氏に心からのお礼を述べる次第である。また、出版にあたりご厚意とご協力を下さった潮文社社長小島正氏、及び、潮文社の高見沢靖恵さんに心からのお礼を述べる次第である。

昭和六十一年三月三日　桃の節句の日

日立の自宅にて

著者しるす

目次

I　幽玄の世界　―神道の真髄を探る―

第三章　日本人の心のふるさと……184

Ⅱ　古代日本の神々　―古事記に記された神々―

Ⅰ

幽玄の世界

―神道の真髄を探る―

第一章　神々は実在される

1　はじめに

「三つ子の魂百までも」という言葉があるが、私は幼少の頃から、他の人とは違って、何か特別の運命を担ってこの世に生まれて来ているのではないかという漠然とした感じを持っていた。

その理由はいろいろあるが、そのうちの二、三の例をあげてみると、まず第一に、子供の頃に母から聞かされた私の出生に関する神秘な事実。

第二に、子供の頃から私の体から、他の人には見られない輝く金白色の光がでていることを感じていた。お釈迦様やキリストのような偉大な人物の肖像画をみると、頭の周りに後光がさしている。これをみて自分の体から放射されている光も、決して自分の錯覚や妄想ではないと、心秘かに信じていた。

しかし、それを大人の人々に尋ねてみても私の納得のいくような答は得られなかったが、それに対する深い関心は、長い年月持ち続けていた。それから五十余年、漸く近年になって共産圏で開発された高周波電流による写真、即ち、キルリアン写真によって、人間の体、特に頭や手から輝くオーラが放射されており、また感情の変化によってオーラの色に変化が起こることも科学的に証明されたのである。

しかも、このオーラは光子や電波など、これまで知られているいかなる物質でもなく、科学的にはまだ解明されていない未知なるある実体であるというのが現状である。

また、私が五歳の時、近所に精神病の患者がいた。その人はある体験から死の恐怖を抱くようになり、自殺未遂を何度も繰り返す状態が続いていたが、医師の治療も、祈禱師の祈願も、その他、いろいろな療法も全て効果はなく、病気は募るばかりであった。

その当時、私の父は明治十四年生れで四十五歳位であったが、自分の農地は大半小作に出して、比較的ゆったりした自適の生活を送っていた。旧制水戸中学（現水戸一高）卒業後、海外に雄飛すべく上京して、外人について生きた英会話も身につけたが、その夢も空しく、渡米の寸前、肉親の不慮の死によって急に家督相続の必要にせまられ、郷里に帰って田舎の生活を送っていた。したがって、当時としては、地方の識者として、近隣の人々の相談相手となり、家庭や社会の色々困難な問題の解決に労を惜しまなかった。

そこで、その時も、自殺未遂常習者に対して、父は患者の家族や近所の人々の依頼を受けて、三ヵ月以上にも亘って、昼となく夜となく病人に付き添い、事理を言い含める説得により、その病人を精神疾患から解放して、見事に元気な心身に恢復させることができたのであった。

　自殺を防ぐため、手足をゆるく麻なわでしばってもらい、言葉もとぎれ勝ちで、力なく歩いていた病人の、数週間前の憐れな姿にくらべ、いま健康を恢復して表情も晴ればれと、私の家を訪れて父にお礼を述べている姿を見くらべて、子供心に私は驚嘆の眼を見はるばかりであった。

　私は父への深い信頼と、敬愛の念を一層深く抱くと共に、精神力の偉大さを深く刻みつけられたことを、五十数年後の今日でも、つい昨日の事のように鮮烈に記憶が甦るのである。

　私はこのような体験を通して、精神的、内面的な世界に心を奪われ、生命の神秘に深い関心を持つようになった。その結果、自然に釈迦やキリストの伝記を読みあさり、バイブルや仏典に親しみ、独り深い瞑想にふける習慣が身についていった。

　バイブルの中で最も興味をひかれたのは、なんと言っても山上の垂訓や、キリストの演じたいろいろな奇蹟に関することであった。水をブドウ酒に変え、盲を治し跛者《はしゃ》を立たせ、死人を蘇らせるなど、正に奇想天外であり、その自由闊達な奇蹟の世界は、夢多い理想主義的少年の心をとらえて離さなかった。

　それ以来、長い年月にわたる思索と瞑想の日々が続いた。このような癒しの道があるとすれば、それは近代の毒をもって毒を制する西洋医学に比べて、遥かに優れた高級な医学であると思われた。

　バイブルをなんども繰り返して読むうちに、果して、それが本当に可能であるかどうかを真剣に考える日々が続いた。キリストは「アブラハムの生まれぬ前より我はあるなり」と言っているが、アブラハムの生まれる前よりある久遠のキリストであるならば、キリストは今日もなお実在して、この宇宙の何処かに生き続けている筈である。その、キリストに直接に出遭いたいという強い願望と、その方法をひたすらに探し求めたのである。

そして、そのような深刻な疑問と願望を自らに課してから七年、長い思索と瞑想と修練の果てに、私が十八歳の時、即ち大東亜戦争が勃発した翌年の昭和十七年五月のある日、それが可能であるという確信が、私の脳裡に稲妻のように走るのを覚えた。中国の賢人孟子の言葉の中に、「之を求め、之を求めて得ざれば、天畢《つい》に之を与う」という言葉があるが、私はこの結論こそ、天から与えられた答であるという強い確信を覚えた。

しかし、これを実際に現実のものにすることが出来ないうちは、一抹の不安が残っていた。だが、その不安の消えるのに長い年月を必要とはしなかった。それから二ヵ月程した昭和十七年七月の十八日、その正否を確かめる試練の日がやってきた。

私の父は気丈な人物であったが、足の指先の傷から感染した黴菌《ばいきん》のため高熱を出し、足首まで暗紫色に腫れあがり、破傷風のような症状で、足の付け根の鼠蹊淋巴腺《そけいりんぱせん》も腫れて痛みがひどく、歩く事もできず、激痛に耐えかねて、夜も殆んど眠れない日が三日も続いた。戦争中でもあり、良い薬もなく、田舎のこととて医師の往診も思うにまかせなかった。

私の父は仏教哲学に深い関心を持ち、哲理的な物の考え方の持ち主であったが、キリスト教に対しては批判的で、キリストの奇蹟についても否定的であり、したがって、私の思想や考え方に対しても、秘かな拒否反応を示していた。

しかし、余りの激痛を持て余している父の姿が憐れであったので、私は父のそばに寄っていき、父の足首の所に手を軽く触れた。病気の平癒を念ずること数分、「どうですか」と尋ねると、「痛みは止まったな」と言って、やっと心の落ち着きを取り戻したらしく、子供のように当りちらしていた事が照れくさそうな面持ちであった。

この瞬間、私は会心の悦びと感動が全身をよぎるのを覚えた。それからおよそ一時間後には、腫れも大分引き、熱も下がり、暗紫色の皮膚の色もとれ、翌日には立って歩くこともできるようになった。これは通常の医学的治療の場合よりも、遥かに速いテンポの治癒帰転であり、正に奇蹟的であった。私は人生の千古の命題に対して、自ら挑戦し、自ら思惟の正しさを証明できたことの満足感に浸ると同時に、生命力の無限の神秘さに深く心を打たれたのである。

私はその後、昭和十八年四月、大学に進学したが、東京のいろいろな大学に在学中は、朝は三時に起床、夜は十二時に就寝するという生活を原則として心がけ、釈迦やキリストの行ったような本格的な血の滲《にじ》むような心身の修行に精進した。毎朝の禊《みそぎ》や、ある山中の滝つぼでの修行や、さらに時折の断食や不眠の行を行い、毎日の正座瞑想を重ね、自然科学、哲学、宗教の世界を遍歴し、これらの三つの柱を軸として、精神界の無限次元に亘る荘厳な体系と宇宙に実在する偉大な生命力の神秘と、奇蹟の世界を目の当たりに体験することができるようになった。

さて、私がいろいろな大学に学び、さらに哲学や宗教の世界に自ら我が身を委ね、そしていろいろな修行に精進したのには、些か重要な理由があったのである。前述の通り、私は幼少の頃よりさまざまな神秘な体験を持っていたので、両親や学校の先生、さらに大人達に尋ねても、その答は一向に合点がいかず、大学に進学してから後も、多くの尊敬する著名な学者や宗教家などに尋ねても、私が納得するような回答は全く得られず、ある大学教授にいたっては、「そのような難しい人生の問題は、生まれてから一度も考えてみたことがない」といった有様であった。

しかし、一連の不思議な体験を通して、私は自分が前人未踏の世界に直面していることに気付き、今後は自らの努力により学問と修行の両面から、この極めて困難な人生の問題の究明に自ら挺身しなければならないと決心したのである。そして、人間的、職業的偏見をさけるためには、人文科学と自然科学の両面からの学問を修めなければ、この人生至難の命題にアプローチする資格がないと考えたのである。

世の中には「専門馬鹿」という言葉があるが、これは一種の奇形児である。だが、自らの専門的知識に幻惑されて、全体の真実を見失っている学者が少なくないのも確かな事実である。

話をもとに戻すと、当時、日本は太平洋戦争の真只中にあったが、敗色日々に濃くなり、昭和二十年八月十五日、陛下の玉音放送によって、遂に終戦を迎えることになった。終戦への大きな原動力となったのは八月六日の、米軍機による人類史上初の広島への原爆投下による惨澹《さんたん》たる被害にあることは周知の通りであるが、この昭和二十年八月六日という日は私の二十四歳の誕生日でもあった。私の心の衝撃は極めて深刻であった。その理由は色々あるが、私が幼少の頃、母から聞かされていた言葉が鮮烈に甦ってきたのである。それは私が誕生した年、即ち大正十一年七月、高島易断が大新聞に広告を掲載し、「この年の八月六日に出生する男子は天命を担って地上に生誕する故に、その男の子には『恒』の一字を命名するように」との予告により、私の父が命名をしたという話であった。「天、人をしてこれを為さしむ」という言葉があるが、私の父は表面的には哲理的な思想の持ち主であり、現実的合理主義者であったが、その胸底深く仏教哲学的な信仰を持っていた人物で、安易に易占などを信ずるような人ではなかったが、日頃の思想や言動とは別に、我が子の運命を祝福し、将来への期待と願望を込めて、この新聞広告を見て、私に命名したものと思われる。

それでは、天命をおびて地上に誕生した人物にどうして「恒」という名前が必要であったのであろうか。恒という漢字は恒久とか、恒心とか恒産、あるいは恒常または恒星というように、つねに動かず変らない永遠なるものを意味し、恒心とは変らぬ心であり、恒久は永遠性を意味し、恒星は太陽のように太陽系の中心として自ら動かず、永遠に光り輝く星という意味で、つねに永遠不易なることを意味する文字である。文字の構成から見ると、さらに恒は「恆」という漢字の略字で、忄偏と亘から成り立ち、亘は一と日と一に分解され、忄は心を意味し、亘の上の一は天を、下の一は地を意味し、日は太陽を表している。したがって、「恒」の字は太陽の万物を育くむ愛の心が、天地に輝き亘る姿を象徴した文字である。

こうして恒の文字を命名された人物は精神界に心の太陽をともし、地上人類に精神革命を齎《もたら》し、地上の楽園を招来すべき天来の使命を担っていると直観していたのである。

さて、当時日本は神国日本であるとか、神州不滅とか、神州清潔の民とか、万世一系の皇室とか、金甌《きんおう》無欠《むけつ》の国体とか、神風が吹くとか、戦争遂行の手段として、華やかに国家神道が強く鼓吹されていた。日本国民は必勝を信じて、それぞれの立場において一億国民が「欲しがりませんは勝つまでは」の合言葉で、戦争遂行に協力してきた。しかし、昭和二十年八月六日、私の誕生日に原子爆弾が広島に投下され、日本の敗戦はもはや決定的段階に至り、八月十五日には、ついに戦いに敗れ終戦を迎えたのである。国民の必勝の信念は一夜にして崩れ、日本国民の精神的中核は動揺し、「神も仏もあるものか」「仏ほっとけ」というような風潮が、全国を風靡《ふうび》していった。

しかし、こうした風潮は私の多年の精神的修練を通しての体験や信念にとって、容易に容認することの出来ないものであった。私は色々と熟考の末、日本の敗戦には重大な深い意義があり、これは太平洋戦争が天意に副わないものではなかったかと考えるようになった。日本の指導者達が表面的には神国日本を鼓吹し、神州不滅を謳歌しても、その本音は神の御名を弄び、天皇の御名に隠れて、自分達の野心を遂行しようとする、天意背反の所業ではなかったかと深く考えるようになった。広島に投下された原爆は甚大な人命や建物、財産などの犠牲の下に人類が地上に第三の火を自らのものにした新しい人類の歴史の黎明であり、古き偽善に装われた悪の清算の象徴であったのではなかろうか。私は戦災にあって焼野ヶ原となった東京の荒涼たる瓦礫《がれき》の上に立って、日本の現実の姿と私の信念との矛盾に苛《さいな》まれた。

私は、仏教、キリスト教とともに日本神道への関心も持っていたが、敗戦を契機として、神道への関心が一層高まり、精神的修練に一層精進し、霊的体験も深めていった。そして、日本にも仏教やキリスト教に優るとも劣らない、世界に誇るべき隠された文化的遺産がある筈であるという思いが日一日と深まり、やがて、それが日本の古神道にあることに気付いたのであった。その時の印象は私にとっては天啓としかいいようのない鮮烈なものであった。

昭和二十二年五月二日のことであった。これは後になって分ったことであるが、この日は天界において人類史転換の重大な変革が決定された日であることを仄聞したのである。この天界からの霊波を感受した世界の各地に存在した、数少ない隠れた神約の聖者達の心の中にも重大な感応が行われた筈であり、従来、天界の地上経綸は、西洋を地上文化の中心地としてきたのであるが、昭和二十二年五月二日を境として、天界のサーチライトが、東洋特に日本列島の方向に切り換えられたのである。

それ以来、私は儒教や仏教の伝来によって影響を受けなかった、聖徳太子以前の古神道の真実を求め、生きた現実の実在の世界への感応道交の道を求め、血の滲《にじ》むような努力と精進の毎日が続いた。

この年の九月の末、私の父は急に病を得て六十七才で急逝したが、それより丁度一ヵ月程前の八月三十日の夜のことであった。私はその年の三月、東京医科歯科大学を卒業し、同年四月から東京大学医学部選科に入学し、八月中旬から夏休みのため、日立の実家に帰省していた。夕食を済ませてから、涼を取るために座敷の縁先に父と並んで庭先を眺めていたが、たまたま庭の片隅の方で淋しげに鳴いているコオロギの声にしばし耳を傾けていた。その時、私の父は突然私に向って大変唐突な質問を投げかけてきた。「人間はコオロギのように死ねばそれで全てが終りになってしまうのかな?」と問いかけてきたのである。このような人生問答が親子の間で交されるのは全く初めてのことであった。私の父は無神論的合理主義者であった。しかし、私の父が私に向ってこのような質問をした時には、既にその潜在意識の中では、自分の生命の灯が間もなくこの世から消え去るのを既に予感して、秘かに無常観を抱き、日頃の自信も、確乎たる確証もないままに、親としての面子も顧みず、日頃私の思想に懐疑的であった父が、割合素直に本音で質問してきたのだと思われる。

そこで、私はまず初めに、明治三十六年五月二十二日、日光の華厳の滝で投身自殺を遂げた一高生の十八才の哲学少年藤村操が、投身する前に滝の傍の樹木に刻んで書き残した有名な文章、「巌頭之感」を暗誦していたのでそれを誦み上げた。「悠々たる哉《かな》天壌、遼々たる哉古今、五尺の小軀を以て此の大をはからんとす。ホレーショの哲学竟《つい》に何らのオーソリチィを値するものぞ。万有の真相は唯だ一言にして悉くす。曰く「不可解」。我この恨みを懐《いだ》いて煩悶《はんもん》、終に死を決するに至る。既に巌頭に立つに及んで胸中何等の不安あるなし。始めて知る、大なる悲観は大なる楽観に一致するを。」

私はこの前途有為な哲学少年の死に急ぎを惜しむと共に、哲学を志す心の姿勢の誤りを指摘し、さらに、私がその時までに知り得た学問的成果を駆使しながら、自然科学、哲学、宗教の問題に深く立ち入り、イマヌエル・カントの先験的観念論哲学におけるその素晴らしさや、その弱点に触れ、彼の壮年期に書かれた有名な「純粋理性批判」の自信満々たる無神論的展開、さらに道徳律の尊厳を強く主張した彼が、七十余年の生涯の中でつぶさに人生を体験して、「善人必ずしも栄えず、悪人必ずしも滅びない」現実の姿に直面して、どうしても道徳律の尊厳を死守するためには、この矛盾を必ず調整する世界がなければならないと考え、彼の実生活の体験を通して、彼は「実践理性批判」を著し、その中で、「実践理性の要請としての神の存在」を認め、この神の世界において、現実の世界の矛盾を調整して貰えなければ、人生は生きる価値がないと述べ、彼自身の壮年期の人生観を改めた。これが世に有名な哲学的に「神の存在の証明」が出来たとされた所以であることなどを話した。しかし、このカントの実践理性の要請、即ち実生活の中における意志の要請としての神の存在の証明は、決して、実在の神に相まみえた神の存在の証明ではなく、いわゆる理神論的で、神そのものの存在の証明にはならない弱点を持っていることを指摘し、さらに、キリスト教の一神教的救いの宗教の功罪に触れ、それから仏教の悟りの宗教の成立に至る歴史的経過及びその欠点を指摘し、さらにマルクス、エンゲルスによって展開された唯物論の根拠に、その蒙昧さを実例を以て説明し、最後に我が日本神道に話は及び、国家神道や神社神道、さらに宗派神道の長所や欠点を述べ、日本神道の真髄は古神道、宮廷神道にあること、及び私が多年に亘り修行し、体験した不可見界の厳然たる事実、さらに、古今東西に亘る文献的事実を、刻明にいくつか挙げて説明し、結論的には、人間の生命は肉体の死後も永く生存すること、いわゆる霊魂不滅の思想の正しいこと、この大天地の中に神々は実在されること、日本の神道思想は世界に誇るべき日本民族の遺産であること、今は敗戦によって神道は国の内外を挙げて顧みられなくなっているが、やがて日本神道は再評価されて、世界に向って脚光をあびていくことを確信をもって話したのであった。夕食後、午后八時頃より延々四時間半に亘って立板に水を流すように、私は一方的に話し続けた。私の心の中には絶対に後へは引かぬという、不退転の決意で話を進めている自分自身に気が付いていた。

私の話を何と四時間半にも亘って、じっと一言も発言せず聞き続けた私の父は、私が結論を述べて話し終ると、たった一言、「それはそうだな」と言って頷《うなず》いただけであった。その言葉のイントネーションから、私の父は、私の話をどれだけ聞き入れ、どれだけ理解してくれたか、その時一抹の不安がないでもなかった。

思えば、この夜が、私の生涯において父と真剣な話をした最後の夜であった。その翌日上京して、約一ヵ月が過ぎ、「チチキトクスグカエレ」の電報を手にしたのは九月二十六日、午前一時を過ぎていた。早速身仕度をして、自分の担当の患者の引きつぎを他の先生に依頼すべく、明け方東大病院に立ち寄り、急いで上野駅に向った。丁度その頃、東京地方は台風に襲われ、綾瀬川が氾濫して常磐線は金町―松戸間が不通で、この間を線路伝いに歩いて、松戸駅から再び鈴なりのような満員列車に飛び乗り、やっと日立の実家に帰宅したのは午後六時頃で、私の父はその一時間前に既に帰幽していて、臨終にはついに間に合わなかった。

しかし、父の葬儀に参列された近所の人々から、私の父がその死の二十日程前から約十日間に亘って、珍しくも遠近の知人の家を訪ね、普段は決して話題にもしない私のことを話題にして、何処の家でも同じようにいわば息子の自慢話をしていったとのことで、何処の家でも何時もと違う私の父の言動に驚いていたという報告を聞いて、私は内心私の心底を真に理解してくれたことを知り、あの夜、父に話した後の不安も解消し、父に対し、最後の孝養ができたことを心秘かに喜んだのであった。

父の野辺の送りも無事にすませ、身辺の整理などもやっと片付き、私が上京したのは帰郷してから既に三週間以上も過ぎた十月十九日の夕刻であった。その日は秋空がきれいに晴れ渡り、小春日和の暖かい日差しの日であった。

午後二時すぎ、日立市の常陸多賀駅から常磐線に乗り、座席に腰を下したが、途中土浦駅を過ぎた頃から、今まで一度も経験したことの無い、この世のものとも思われないような身も心も清々しく、芳香馥郁として、我を忘れて甘く陶酔してしまいそうな気分に包まれてしまった。ふと振り返って車窓から外を眺めると、紫雲たなびき、真紅の太陽が西に傾いていた。仏教にいう西方十万億土の極楽浄土もさこそと思われるような美しい光景であった。私は大変不思議な体験に目を見はり、何か良いことが起こるような予感を抱きしめながら、東京の下宿先へ辿りついた。すると、部屋の郵便受けには東京在住の私の知人からの手紙が届いており、その知人宅で十月二十日午後一時からある会合があるので是非出席するようにとの案内の手紙であった。

そこで私は予定を変更して、翌十月二十日その会合に出席したが、この日の会合は私の人生における大きな転機の一つになった。それは従来の私の人生観、宗教観、霊的体験に対して、一層の自信を深める結果となったのである。

この知人には四人の子供がいたが、その前年即ち昭和二十一年十二月末に、長女が二十才の若さで数年間に亘る永い闘病の末に帰幽した。終戦直後のこととて、手厚い医療の恩恵に浴することも出来ず、また経済的な困難や複雑な家庭事情のために、心を痛めることも多かったが、父親の熱心な宗教的導きによって、病の床に臥しながら、清純で透徹明朗な心の境涯を拓き、色々な神秘な霊的体験を重ね、その喜びを両親に伝え、自分の帰幽する日を予告して、その日は父の出勤や弟妹には学校を休ませ、今生の別れの挨拶をし、両親に先立つ不孝を詫び、両親の深い慈愛に感謝の言葉を述べ、父親の手を握りながら、もし死後にあの世があるならば、父親に分るような方法で、あの世から通信することを約束して、静かに他界して往ったのである。それから四十九日も過ぎないうちから、色々神秘な現象が起こり、彼女の父親は、これは確かに帰幽した娘からの通信であることを深く信じ、かつ喜んだのであった。

それ以後も、私はその知人と幾度か行動を共にすることがあったが、都内の電車の中や、皇居坂下門で一緒に待ち合わせた時など、私が、かつて十月十九日常磐線土浦駅の近くで体験したと同じ馥郁たる芳香に出会う機会があり、私の知人も同じ香りを感じて不思議がっていたのである。

ところで、彼の娘の一年祭が、昭和二十二年十二月末、彼の家で行われることになり、私も招かれて祭事に参列した。ところが、祭事が始まる前に、祭壇の方から例の芳しい香りが流れてきたので、また不思議に思って、彼と話し合っていた。

やがて祭事が始まると、祭事なかばに面長で色白の十二単衣の端麗な姿で、祭壇の前に正座している若い女性の姿が私の心眼に映ったのである。また同席した他の一人も同じ姿を見ている。しかも、前々からの不思議な芳香は、この娘の御魂《みたま》からの香りであることが分かったので、改めてお互いに不思議な縁《えにし》に驚いたのであった。

それから後も、いろいろ驚嘆すべき現象を体験してきたが、それから四年有余の歳月が流れた昭和二十七年四月十六日朝、いつものように午前四時に起床、禊の後、ご神前に額《ぬか》ずいた私は、厳かに天地卓越の大神から天啓により、ご神命を拝したのである。その一部を述べると、

「人間《にんかん》の古語に曰く、『天のこの人に大任を与えんとするや、先ずその心志を苦しましむる』と。汝

が既往は将に艱苦の既往なりし。これ将に天が汝に大任を祝福し給えるが故なり。われらは誣言《しいごと》せざるものなり。………（中略）」

「現・幽・神三界に亘る唯一の神斎庭に終始側侍して、地上慈化の大業に翼賛奉行し、以て宇内の天恩に報い奉るべし」（後略）と。

私は真に恐懼し、ご神恩の忝《かたじけな》さに感泣すると共に、その使命の重大さに、身の引き締まる思いがしたのである。その日は奇しくも、私の日立の出生地の天照皇大神をご祭神としてお祀りしている産土神社の春の祭典の日であった。

その後、私はさらに新しく賦与された天与の能力をもって、日本一流の眼科の権威者から、現代医学の能力をもってしては不治と診断された重症弱視の女性の視力を、瞬間的に恢復させたり、死を宣告された、長い間昏睡状態にあった病人を恢復させるなど、数えれば切りがないくらい多くの奇蹟を体験してきた。その実例の一部は本書の第一章「神々は実在される」や前著「深層心理の世界」でも詳しく述べておいた。

これは、私にとって生涯の喜びであり感動である。私は新しく賦与された天与の能力は生涯の喜びと感動であるが、この体験を通して、無限の謙虚さと、純粋さと素直さ、天地を動かす程の愛と真心が、人間にとって何にもまして大切であることを教えられたのである。

愛は自然法則を超越するといわれるが、奇蹟とは高次元の自然法則である。常に創造的な生命の法則に従うような心の在り方をしていれば、心は常に明るく、生命感に溢れ、水の如く物事に拘らない自由闊達な心の人となる事ができる。正しい判断や創造的能力は、人間の幸福にとって極めて大切な要素であるが、これらの精神的能力は心の自由から生まれ、心の自由は叡智的直観によって真理を把握し、そして、バイブルにもあるように真理は人間を真に自由にするものである。

「宗教とは宇宙における人間の位置の哲学である」とするならば、宗教は生命の最も奥深く目覚めた人間的霊性の証といってよいであろう。従来、宗教が迷信に陥り易かったのは、恨みや憎しみや、嫉妬心、闘争心などのために、喜びと感謝の心を失い、純粋な信と真実の愛が我がものになっていなかったからに他ならない。

人間が、天意のままに素直に、精神界の無限次元に亘る自然法則に謙虚に随順するならば、無限の天地の恩恵により、我知らず、人知らずの中に自然に叡智が発芽し開発される筈である。

一八四八年、エンゲルスと共に「共産党宣言」を発表した唯物史観の創始者カール・マルクスは、青年時代、ヨーロッパに長く君臨した先験的観念論の哲学者イマヌエル・カントの信奉者であった。彼はキリストの奇蹟に深く関心を持つとともに、この奇蹟に関して二つの疑問を持つようになった。

その第一は、奇蹟が二千年前に実際に存在したとすれば、現在でも存在する筈であるが、現在奇蹟が起こらないのは何故であろうか。

第二に、この現実の世界を超越した、非物質的な神が真に存在するとすれば、非物質的な力がどう

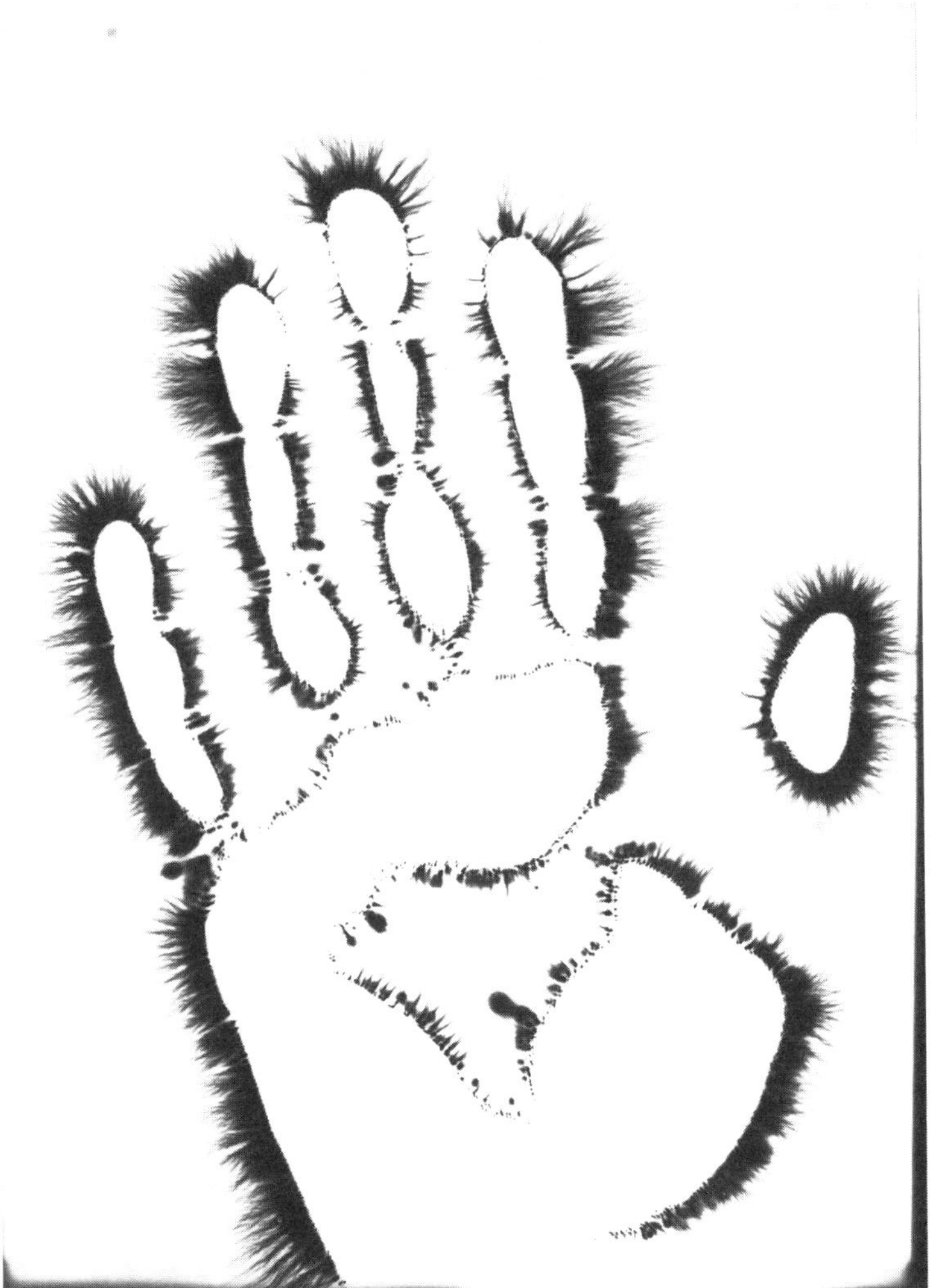

手から出ている鮮烈なオーラ

して物質の世界に作用し得るのであろうかというものであった。

十九世紀当時における物質という概念は、極めて素朴で、現在のような原子エネルギーの開発もなければ、量子物理学理論も素粒子論も存在しなかった。したがって、光や電気や電磁波や音も皆ただの観念でしかなかった。

今日では、物質を構成する基本的要素である百数十種の元素の存在が知られ、さらに、これらの元素を構成する、より根元的な、共通の数種類の要素があるのではないかと、専門の物理学者達は想定して、これに「クォーク」と名づけ、その実体の究明に懸命な努力を続けている。

また、アメリカの有名な原子物理学者スティーブン・ワインバーグ博士は、「電子は物質の世界に属するが、電子をあらしめている重力場は、非物質の世界に属するものと考えられる」と述べているように、物質と非物質の世界は非常に接近し、不連続の連続の状態を通して、相作用していることが、次第に明確になって来ているのである。

このように無形の力が物質的現象の世界に、大きく作用することが明確になってきたのである。したがって、キリストにおけるような奇蹟も、もし必要にして十分な条件が与えられさえすれば、二十世紀の今日でも十分に起こり得ること、また、非物質が物質の世界に働き得る可能性も十分考えられる訳である。

カール・マルクスは、現在奇蹟が世界の何処にも見られない故に、キリストの奇蹟も虚妄なもので、

一枚の葉から出ているオーラ　　左の葉を切断しても出ているオーラ

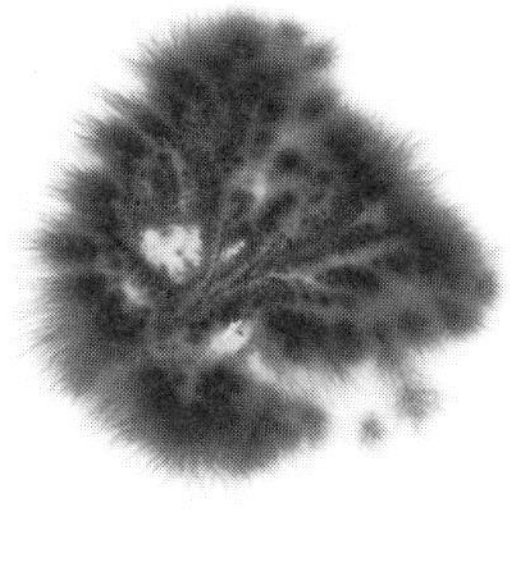

その葉に著者が手を触れた瞬間、強烈な
オーラが出て、真っ黒になる程であった

存在しなかったと断定し、また非物質が物質に作用するメカニズムが理解出来ないままに、ポーランドの学者フォイエルバッハの思想的影響を受けるに至って、観念論の信奉者から、一転して唯物論者となり、神の存在を否定し、「あらゆる神学は人間学である」として、神を地上に引きずり下ろし、唯物論を展開したのである。即ち、神とは人間の観念が創った映像にすぎず、精神は物質の属性であり、「宗教はアヘンである」と主張したのである。

しかし、一九三三年以来、アメリカのデューク大学医学部の超心理学教室において、J・B・ライン教授は、いろいろな困難を克服して、極めて緻密な実験を多年に亘り繰り返した結果、人間にはテレパシー、予知能力、念力の能力が存在することを証明し、一九六九年、アメリカ最大の心理学会において、従来の心理学が取り扱わなかった心理学の新しい領域である心霊現象や、神秘的な超常現象を研究の対象とする超心理学が、心理学の一分科であることが承認されたが、今や超心理学はソ連圏においても熱心に研究され、その成果が、旧来の唯物論的思想を根底から覆す可能性もあるので、ソ連政府は超心理学の研究者に、圧力をかける傾向すら出ているといわれている。そして、今や「唯物論は二十世紀最大の迷信である」と決め付ける世界的に著名な学者さえいるのである。

人間の潜在意識を研究する学問が深層心理学と呼ばれ、最も基本的な人間学といわれているが、深層心理学的観点からすれば、人間の人格を形成する中核は、平面的な唯物論的合理性では到達できない、霊的領域であるといわれている。人間の本質は肉体ではなく、精神的、霊的実体であるというの

アメリカの心理学者ジナ・サーミナラ博士と

である。

また、世界的に有名なアメリカの女流心理学者ジナ・サーミナラ博士は、「もし生命の根源を海底油田の石油を採るために、海底深く刺し下した数マイルのパイプの長さに例えるならば、今日の西洋における深層心理学の如きは、玉ねぎを植えるために掘り起こした数インチの土壌の深さにしかすぎない」と述べているが、正に至言というべきであろう。

また、フランスの世界的に有名な生物学者ルコント・ヌーイが、一九四五年に書いた著書「人間の運命」は、二十数年後日本にも翻訳されて紹介されているが、その中で、「我われが金科玉条として信奉してきた科学的真理は、実は虚妄なものであるかも知れない。キリストの奇蹟の世界こそ、本当は実在の世界であるかも知れない。人間は、人間の自由意志によってどんなに神に叛逆しても、遂にはどうしても超えがたい壁に突き当って、跳ね返ってくるようになる。人間は、神に叛逆し得る能力を以て神に随順し、宇宙の経綸に参与せしめられるように創られている。それが人間の運命である」と述べており、更に「我われは新しい神を発見しなければならない」と述べているが誠に意義深い言葉である。

世の中にはいろいろな病気があるが、不信と猜疑心ほど恐ろしい病気はないといわれている。戦後の目覚ましい経済復興により、日本は未曾有の物質的繁栄を得た。しかし、豊富な物質と機械文明の発達による便利な日常生活の中で、表面は如何にも平和で幸福そうに見える人々も、不必要な刺戟と欲望の中で健康を害し、精神的情緒不安定に陥り、自らの不幸を嘆いている人々がどんなに多い事であろうか。

私は現代人が直面しているこれらの問題の根本的原因が、機械文明の長足の進歩に対して、精神文化の著しい立ち遅れによる精神と肉体のアンバランスが、その重要な原因の一つと考えているものである。本来、万物の霊長たるべき人間が、かえって機械の奴隷となり、人間の主体性を失い、個人的、ならびに社会的不安を助長する結果となっている。

このような現実に注目し、私は現代人の直面する重大な問題や苦悩の原因を追求し、その根底にあるものを探り出すことによって、失われた人間性の恢復を目指し、新しい人間像を浮きぼりにし、以て生命至上主義の思想を高らかに掲げたいと思う。そして現代社会に失われた価値観の根底に迫り、魂のふるさとを失った現代人の心に、大らかな生きる喜びを甦らせることができたらと願わずにはおられない。

イギリスの有名な哲学者サー・ハーバート・スペンサーは、「賢者は己れに宿る信仰を偶然なるものとはしない。彼は己れが目撃せる真理を恐れもなく発表する。そして、その大胆なる発表が、この世界にいかなる事態を惹き起こそうとも、彼は些かも恐れることなく、彼がこの世界に演ずべき役割を果していくのである」と言っているが、この言葉に励まされながら、今後とも世間の誤解を怖れず、真実は真実として、読者の皆さんとともに、人間とは何か、真実に生きるとはどういうことかについて考えていきたいと思うのである。

2　神々は実在される

古来、「神は存在するか」という命題は、ギリシャ哲学以来の命題であり、キリスト教においては二千年の間、この命題についていろいろ論議されており、現在でもキリスト教会の学者の命題でもある。

古来、有神論、無神論の二つの大きな派閥に分れ甲論乙駁されてきており、自然科学の発達は驚異的な科学技術の進歩を促し、特に、第二次世界大戦以後の科学技術は驚異的な発展を齎《もたら》し、第二次大戦を終結に導いた大きな原因の一つとなった広島、長崎に投下された原子爆弾は、大きな悲劇を地上の生存者に齎した。

アインシュタインの相対性理論により、物質はエネルギーの集積されたもので、物質を一瞬にしてエネルギー化できれば、微量な物質からも、厖大なエネルギーが放出されることは、理論的に知られていたことであるが、戦争という不幸な環境下において、人類は原子力エネルギーを人為的に現実のものにしたのである。

また、電子工学の発展は、コンピュータ技術の飛躍的発展を齎し、戦後の産業界に一大革新を齎したことは周知の通りであるが、果して、我われ人間は外面の煌びやかな装いに比較して、内面的に本当に進歩してきたといえるであろうか。

数千年このかた、神は存在するかという命題に対しても、我われはどれだけ明確な解答を得たであろうか。前にも述べたように、戦後の驚異的な科学技術の進歩、特に最近の生命科学の発展、とりわけ遺伝子工学の技術的発展は、肉体的、生物学的生命の機構に深く入り込み、遺伝子（ディオキシリボ核酸）の組みかえにより、動植物の品種改良や新しい種類の動植物を齎すような技術的発展を遂げようとしている。

このような方法は、物質を基盤として、その上に成り立つ生命現象を捉え、かつこれを究明しようとする態度であった。一つの科学的方法論として当然あるべき姿の一面ではあるが、このような傾向が単なる人間の可能性への挑戦という美名において、無批判的にその技術の進歩向上を計ろうとするならば、やがてはとんでもない人類の破滅に導く危険すら内蔵しているのである。特に、このような傾向は、潜在意識的に、精神は物質の属性であるという唯物論的哲学の踏襲に繋がっていくものであるといえるであろう。

我われが三次元の世界に、物質から構成される肉体を持ち、現実の生活を営んでいるかぎり、以上のような自然科学的方法論もまたその存在価値は大いに肯定し、その科学技術が人類の福祉に大きな貢献をしてきたことを承認するのに吝《やぶさ》かではないのである。

しかし、これは前述の通り、最近の西洋における深層心理学は、最も基本的な人間学であるといわれているが、その深層心理学においては、人間の人格の中枢を形成する中核は、もはや平面的な唯物的な方法では到達することのできない霊的領域であるといわれている。即ち、人間の人格の尊厳はこの霊的中枢の存在によって、人間存在の意義がみつけられている。

従来、ニュートンの古典物理学は、我われの実生活にとって、一般的な体験を説明するのに都合のよい物理学であったが、一九〇五年アインシュタインが、特殊相対性理論を発表し、続いて一九一一年、一般相対性理論を発表したが、その時、世界の学者はアインシュタインの相対性理論が、従来のニュートン物理学の法則と極めて矛盾するという理由で喧々ごうごうたる非難を彼に浴びせたのである。

しかし、これは数年後、イギリスでの日食観測により、アインシュタインの相対性理論が正しいことが証明され、アインシュタインの名声は世界に轟き渡ったのである。アインシュタインの特殊相対性理論と一般相対性理論とを併せて、いわゆる相対性原理といわれているものである。彼が最初に相対性理論を発表した時、世界の学者はあげて彼を非難したのであるが、彼はその時、私の理論を理解できる学者は世界に八人位しかいない筈であるのに、どうして世界中の学者が私の理論に対して非難するのであろうかと、首を傾げたというエピソードが残っているが、多くの人々の陥り易い通弊は、誤った先入観念や潜在意識により汚染された偏見によって、真実を見抜く正しい理解と判断力を失ってしまうことである。

そこで、我われ自然科学に洗脳されてきた現代人の通弊の中にも、安易な唯物論的先入観が存在することを否定する訳にはいかない。

今や、人類は二十一世紀を十数年後に迎えようとしている時、自然科学や哲学などの緻密さで洗練された頭脳をもって、謙虚に素直にかつ純粋に、自らの先入観念にとらわれず、勇気をもって意識の変革を成し遂げなければならない極めて重大な時に到達しているのである。

そこで、この重大な意識の変革の手掛りとして、我われは純粋な心をもって宇宙との対決が必要であると思われる。古いユダヤの諺に、「胎児は母体の中にいる時、宇宙を知り、誕生と共にそれを忘れる」という言葉があるが、神と人間との関係は、丁度、胎児と母親との関係に似た関係があると思われる。

古来、千古の命題である「神は存在するか」という時、人間はよく自分の体の外、意識の外に神の存在を無意識的に求める傾向が多いが、ここで、我われは新しい時代の神の求め方として、神が何処に存在するかではなくて、人間は神の何処に存在するかという基本的な意識の変革が要請されるのではあるまいか。

かりに、これを他の例に喩えれば、我われは勿論、地球上に生存しているのであるが、地球が太陽系の一惑星であり、太陽系宇宙は銀河系宇宙に属することは周知の通りである。我われが夜空に星空を仰いで数えることのできる星は、約五千個といわれ、望遠鏡をもってすれば一万個位で、さらにアメリカのウイルソン山天文台の望遠鏡をもってすれば、約十万個が視界に認められるといわれている。よく知られているアンドロメダ星雲なども、銀河宇宙の一つであるが、その中には、太陽のような恒星が一千億個ほどあるといわれ、地球からは、二百万光年のかなたに存在することは誰でも知っていることである。最近、アメリカの天文学者が超銀河集団を発見したといわれている。その長さは十億光年程もあるといわれている。光は一秒間に約三十万キロ走り、一光年とは光が一年間にとぶ距離で、約十兆キロである。最近発見された超銀河集団の長さは、十兆キロの十億倍という長さになる訳である。

こうした広大な宇宙の広さに比べるならば直径一万二千余キロの地球などは、宇宙の中の塵以下の存在でしかない。宇宙の中における星の数は、百億の一兆倍程であるが、我われの住む地球は一つの銀河の中の一つの星、即ち太陽の周りを廻る惑星にしかすぎない。

この宇宙の中の塵芥《ちりあくた》にすぎない球体に極めて数多くの動植物が存在し、その万物の霊長として地球上には現在、四十八億人に近い人間が住んでいるのである。

我われが地球上から夜空に宇宙を眺めた時、我われの目には無数の物質の集団が見えるだけで、そこには生物の存在は微塵も考えられないし、我われになじみの深い北極星なども、いま我われの目に映る光は五万年も前に北極星を飛び出した昔の北極星の姿を見ているにしかすぎないのである。

そこで翻って、我われ人間自体を顧みるならば、現代科学の教えるところによれば、一人の成人の体重が六十キロとすれば、約六十兆の細胞が我われの肉体を構成しているといわれる。よく「目は口ほどに物を言い」という川柳もあるが、一つの眼球は三百六十億の細胞から成り立っているといわれる。六十兆の細胞がいろいろに分化し、集団をつくって大脳となり、肺臓、心臓となり、脾臓となり、腎臓となり、あるいは手足となって一人の人間の肉体を形成している訳である。

しかし、その一つの細胞は、肉眼で見えないような小さな存在であり、女性の成熟卵は最も大きいといわれるが、それでも直径〇・二ミリ位しかないのである。その細胞は何千万とも知れない分子から構成される。さらにその分子は原子から成り立っていることは今日では誰でも知っているところである。その原子は、オランダの原子物理学者ボーアの説によれば、中央に原子核があり、原子核の周囲を原子核の重さの約二千分の一の重さの電子が、原子核を中心にして光の速さと同じ厖大な速さで回転しているといわれる。一番簡単な原子は水素原子であり、原子核は陽子であり、陽電気を帯びた一個の陽子と陰電気を帯びた電子から成り立っているといわれる。もし、原子核の大きさをゴルフの白球の大きさとすれば、その原子核の周囲をめぐる電子の軌道の大きさは、周囲四万キロあるといわれる地球の表面の大きさに相当するといわれている。

「色即是空」という言葉が仏教の言葉にあるが、色とは現象のことであり、現象即空であるという仏教の言葉は、まさにこの原子核と電子の関係を考えてみれば実感をともなうものである。

ところで、我われ人間の宇宙における存在は、この電子という超微細な惑星が原子核という太陽を中心にめぐっている状態と、正に相関関係があるのではないだろうか。この地球上に四十八億近い人間が生存するということは、一つの電子の上に、四十八億近い超微生物が存在しているというものと相関するものである。この電子上に生存する超微生物が六十兆の細胞を擁する小宇宙といわれる人間の肉体の世界を内部から望見した時、その超微生物は、はたして何を見出すであろうか。我われ万物の霊長としての生命の存在、霊的中枢をもつ人間の人格、そこに流れる理性や感情、さらにその次元を超えた叡智や霊智の世界を、その超微生物が把握できるであろうか。もし、その電子上の超微生物がまじめくさって、人間は何処にいるかという哲学的問いを発したならば、万物の霊長である人間は、この問いに対して、果してどう答えるであろうか。まさに噴飯ものといえるであろう。宇宙における神と人間の存在関係もまた、同じようなものである。

3　霊線の切れたお宮

いま、西洋の文化人達が、東洋の叡智、特に日本の古代の思想に心をひかれ、異常なまでの熱心さで、日本の生え抜きの神道思想を学ぼうとしている。これは決して、偶然でもなければ一時的ブームでもないのである。しかし、残念ながら日本の現状を振り返って見ると、この日本の神について、日本の惟神の道について、生命の事実に即して、真に神の偉力を発揮し得る人間が、日本にどれだけいるであろうか。

この事実をよく認識しなければならないと思う。さもないと、日本はやがて外国人から日本の神の事を教えられるような時代が来かねないのである。

今日、若い人達が神前結婚をしている所以のものは、その背景には肉眼において知ると知らざるとに関らず、信不信を問わず、厳として神いますということを無意識に潜在意識の奥底深く、憧れ、かつ信じたいと思っていることの表われであることを指摘しておきたい。

私は全国各地のお宮にご参拝して観て、どんなに大きなお宮でも、神様がお出でにならないお宮もあるし、小さなお宮でも、神様がお出でになるお宮もあることを体験している。ところで、神様がお出でになるとか、お出でにならないとかいうのは、一体どういう事かというと、これは人間の理性とか悟性とか、そういう心の能力の次元では、その事実に触れることはできない問題である。それにはどうしても、人間は少なくとも理性以上の叡智という霊的な心の能力を発揮できるようにならなければ、この事実には触れられないのである。また、その霊的な能力にも無限の段階があり、厳重な修行の道程が必要である。

お宮に神様がお出でになるかならないかは、お宮にご参拝したならば感じる能力を持っていなければならない。認識の対象として、目に映ったり、耳に聞こえたりしなくても、そのお宮の拝殿の前に恭々しく額ずいたならば、ここに神様がお出でになるかならないかが、直感で分る位にならないと、真の日本人とは言えないと思う。こんな狭い日本列島に八万以上のお社が存在するというのは、世界中何処にもないことである。戦前は十万以上のお社が存在していたのである。正に日本は神国である。しかも、そこには厳として神々が実在されるのである。

ところで、神々がお出でになるかならないかということを、少し詳しく説明すると、これは次元の違う世界から、そのお宮にいわゆる天線とか霊線とか、中国でいう天足とかいろいろ名づけられているが、その光の柱がそのお宮には天から差し掛かっているものである。

そういう霊的な能力が開発された人は、そこへ行けば必ずそれが分かってくるのである。一目瞭然に分かるのであるが、こと神事に関することであるから、これ以上の説明は差し控えておくが、少なくとも、お宮が尊いとか、尊くないとか、古いとか格好が良いとか、その境内の木立が美しいとか、鬱蒼《うっそう》とした杜があるとかではなくて、そこに真に神様がお出でになるかならないかであって、決して、古いお宮の中に神様が漫然とお出でになるのではない。神様はあくまでも、人間が人間の現界にいると同じように、神様は神界に在するのである。その次元の違う神界から現界に霊線が垂れて、いわば電話線がそこに架かっている、それがお宮である。電話の受話器が置いてある所がお宮であると思ったら、大きな間違いはないであろう。したがって、その電話を使うことができる資格と能力を与えられたものが、受話器を取って「もしもし」といえば、あちらの世界で「はいはい」と応答されるようなものである。

ところが、どんな立派な電話器が置いてあっても、途中でコードが切れていると通じないのと同じように、霊線の切れたお宮を、神様がお出でにならないお宮といっているのである。

では、なぜ霊線が切れるのであろうか。それはご神意に由来するものである。そこのお宮に仕える神職達が不真面目であったり、氏子達が不真面目で敬神の念が薄かったりするような場合には、ご神意によって霊線が切れてしまうということが起きてくるのである。あるいは昔は低いご神格の神様が祀られていたお宮でも、神職や氏子達が真面目にお仕えすることによって、高い神様がお鎮まりになってくるような場合もある。

逆に、昔は高いご神格の神様がお出でになったのが、今は低いご神格の神様または動物霊などが屯《たむろ》しているお宮になっているものもある。それは個々別々であって、一般論では説明できない。現実にその場所に行って、そのお宮の実態を拝見しなければ分からないのである。

近畿地方や、四国、九州などにも、誰でも知っているような大きなお宮に、残念ながら神様がお出でにならない、霊線の切れているお宮があるのである。この厳然として生きた事実が存在するものだということ、そして、この世界に本当に人間の精神界が、霊魂の世界が連なる事によって、人間に本当の叡智が開発され、更に人間に予約として秘められている神性が発芽し、生活の智慧が湧き、人間の幸福が齎《もたら》されるものである。また、そういう世界から深く人間の生命が由来し、与えられて来ていることが自覚され、認識されてくるのである。

4 奇蹟の治癒例の数々

①ある癌患者の場合

昭和二十八年七月半ばのことであった。私の古い知人の一人が私宅を訪れ、親族の者の病気治療の依頼をしてきた。本人は六十二歳の男性で、既に日立市内のある大きな病院に入院しており、診察の結果、胃癌と診断され、それも相当に進行している状態で、三ヵ月程入院していたある日、前述の親族の一人が、病気平癒の依頼のため私宅を訪れてきたのである。

胃癌の末期症状の苦痛は周囲の者もそばで見ているのに耐えられない程の激痛であるとよく言われているが、この患者もその例にもれず、胃癌は既に極度に進行し、毎日癌の苦痛のために日夜呻き通し、勿論食事は流動食も通らない状態になり、点滴により辛うじて命をつないでいる状態で、夜もせいぜい二時間位の浅い睡眠がとれれば上々であるという毎日で、主治医は後一週間程度の寿命であろうと家族の者に言い渡していた。

この親族の者は、家族から医師の宣告を聞いて驚いて私の家を訪ねてきたのである。私はその患者とは一度も面識をもっていなかったが、依頼に見えた知人とは祖先以来の縁故のある実直な人物でもあるので、その依頼を引き受け、私はわが家のご神前に額ずき、依頼の件につき祈願をして必要な霊的処置を施した。

　霊界においても、私の祈願を受諾され、霊界の立場において必要な処置を施された。しかし、患者の症状は極度に悪化し、余命いくばくもない状態であることを霊察された霊界においては、その霊界の神々のお立場において、さらに上の次元の神界に祈願を込められたのである。だがその神界においても、既に時期切迫し、期待される結果を齎《もたら》すことは不可能と判断され、その世界においてさらに上位の神々の世界に救いの恩恵を乞い奉ったのである。

　しかるに、この神界において、その患者の病気を癒すことはまかりならぬとの神示を受けられたとのことを、私に啓示されてきたのである。その理由は、この患者の経歴を産土《うぶすな》の神の記録によって調査したところ、この病気はご神意によって齎されたものであることが判明したからである。それは終戦後間もなく、その患者の住んでいるところを守護される産土神社の境内の、ご神木の古い杉の木立を、戦後の混乱に乗じて盗伐し、売ったお金を遊興費に使っていたことが判明したのである。まさに産土の神のご神意による冥罰として、癌という業病を負荷されたのである。

　ちなみに、よく俗世間では、軽々しく、やれそれは神罰だ、やれそれは冥罰だ、罪障だなどの言葉が使われているが、神々は容易に人間に神罰を与えられることはないのである。

　人の子にとって神はその親であり、人間は本来神の子である筈である。この世の中には自らの子を勘当する親がまれにあるが、それはその子が、人の子として、また人間としての社会生活において、家族や周囲に極めて重大な迷惑をかけるような罪を犯したため、親の愛ゆえに、また世間に対する親の責務上、万止むを得ず涙をのんでその子を勘当するものであって、凡そ人の親にして自ら生み育てた子どもを、はじめから勘当しようとするような冷酷な人間はいない筈である。

もし神が、人間に冥罰を与えられるとすれば、この人の親の普通の幾百倍、幾千倍、あるいはそれ以上の悲しみと苦痛において、神々の愛ゆえに、人の子にご神罰を与えられるものである。したがって、普通よほどのことがない限り、神々は人間に神罰を与えられないものであることを銘記しておくべきである。

それ程に我われは、その本人が知ると知らざるとに関らず、信、不信を問わず、学、不学を問わず、老若男女を問わず、貴賤貧富を問わず、神々の恩寵のもとにこの世において生かさせていただいているものであることを、改めて銘記しなければならないと思う。

そこで、話を元に戻すと、この患者は産土神社の境内の立木を盗伐したご神罰のため、ご神意による病気であることが判明し、病気を治癒せしめることは、ご神意に悖《もと》ることが判明した。しかし、ここにおいて一方、我が国は戦時中、日本は神国であり、神風が吹き、日本は正義の戦いを進めているのであり、日本は必ず戦争に勝つと戦争を始めた国の指導者から国民は教育を受け、国民はそれを信じて、「欲しがりません、勝つまでは」の合言葉で窮乏生活に耐え、国民の総力をあげて大東亜戦争の遂行に協力してきたのである。

しかるに、昭和二十年八月十五日、日本は第二次世界大戦において敗れ、無条件降伏し、食糧は極度に不足し、家は焼かれ、住むに家なく、着る衣類もなく、その父を、その夫を、その息子を失い、日本の主要な都市はみな焦土と化し、日本国民は瓦礫の中にただ呆然として前途への希望もなく、塗炭の苦しみに喘いでいたのであった。

このような事態に遭遇し、ＧＨＱ（連合国最高司令官総司令部）の当初の占領政策も影響し、外来思想が怒濤の如く我が国におしよせ、世の中はあげて、この世には神も仏もあるものかという風潮が一世を風靡し、唯物論的思想は日本全土を席捲するような憂慮すべき状態であった。

このような現状について、神界においては大いに憂慮せられ、私が戦中、戦後を通して一貫して、神在すの確固たる信念と深い霊的体験をとおして、滔々たる世を挙げての無神論に対して警鐘を打ち鳴らしてきたことに、私の労をねぎらわれ、もしここにおいて、世の人々がその親族の一大心痛事をひっさげて、神々の救いの手を乞うために、私に依頼をしにきた時、これを無下に放置し、最悪の不幸の状態を、坐してその成り行きにまかせるならば、世の人々の誤った信念が、さらに歪んだ自信となって、世の中は挙げて無神論の渦のなかに翻弄され、日本にとっても極めて憂慮すべきことであり、さらに私が多年、地上において孤軍奮闘していることが徒労に帰し、私の社会的立場を著しく不利にさせるような結果になるであろうことを、神界においては恐れ多くも深く憂慮せられ、この世の中には、人の子の目には見えねど、世の人々が厳として神在すということが分かるような証《あかし》が必要であるとのご神慮から、この患者の罪障とは全く関わりなく、その病人の症状を軽快せしめる処置を施すであろうとの忝《かたじけな》い啓示を頂いたのである。そこで、今後一週間は病人の症状をどんどん軽快させ、さらにその後の一週間は、同じ小康状態を保ち、さらに次の一週間において、段々と樹木が枯れて倒れるように、この世の終末を迎えさせることを予告せられたのである。

翻って、この患者の症状の経過をみるに、もう一ヵ月以上も夜も殆ど眠れない苦痛に苛《さいな》まれていた患者は、その日の夜から一日五時間ないし六時間の睡眠をとることができるようになり、苦痛も殆ど消えて、その間、重湯から柔らかいお粥を二週間以上も食事をとることができた。それ以後段々と衰弱して、食事もとれなくなり、なんの痛みもなしに、眠るようにしてあの世の人となっていったのである。

このことについては、私に病気治療を依頼した親族の者には、今日まで一言も、その内容を知らせてはいない。この一例から考えて、実在の神々の世界の厳しく、しかも計り知れない暖い愛の救いの手が、人間が知ると知らざるとに関らず、常不断に我われ人間界に垂れられていることを、我われ人間は謙虚に静思反省すべきではなかろうか。

ちなみにこの患者は、少年時代に父親と三人で遊んでいた時に、戯れに行った行動がもとで、その弟を一生足の立たない不具者にしてしまった。

これによって、その父親は大変彼を怒り叱責し、その果てに、彼を心ならずも勘当してしまったのである。まだ紅顔の少年時代に独立する能力もない低い年令において、両親の愛を失い、路頭をさまよいながら、郷里を離れ、苦心惨憺して、世の人の嘲笑を全身に浴びながら、やっと一人前に成長し、辛うじて家庭をもつ身となったが、生涯彼の父親は、彼の勘当を許さなかった。このような悲惨な環境に育った彼が、その親を恨み、不幸な生活の中に、やはりこの世に神も仏もないといった生活態度の中に陥《おとしい》れたことは否めない事実であろう。

しかし、さればといって、こともあろうに自分の住むところの産土神社の境内の神木を盗伐し、それを遊興費に充ててよいという理由は何処にも存在しない。この神事に関する裁きは極めて厳しい。このように本人が十分に悪いことを承知しながらした悪事でなくとも、本人が気が付かないでした神事に関する天意背反の事実は、人間が想像を絶する厳しさにおいて天律が適用され、厳正な罪障消滅を余儀なくせしめられるものであることを、深く銘記しなければならない。

② 八十一歳の老婆の胃癌を救う

これは昭和三十八年九月二十八日のことである。私の知人の知り合いという方が、私の家を訪問したのは、その日の午後一時頃であった。

彼女は幼少にして両親を失い、祖母の手によって育てられたそうで、年齢は四十五、六歳の女性で、その祖母が既に八十一歳の老婆であったが、数ヵ月前から胃の調子が悪く、医師の診察により胃癌の診断が下され、その時は既に癌の症状も進行し、烈しい胃痛と不眠に悩まされていた時である。

私の知人が現代医学に見放されて絶望の淵にいた時、私の超心理学的処置により、奇蹟的な病気から恢復の事実を知り、是非私に紹介して欲しいとのことで、その知人に連れられて私の家を訪問したのである。

そこで私はその依頼を引き受け、遠隔治療を施すことにした。

それから数日の後に、苦痛で夜の睡眠もとれなかった状態が、嘘のように一日六時間前後の睡眠もとれるようになり、それから十日程の後には流動食も摂れるようになった。

そうした小康状態が一ヵ月程続いたある日、その患者の老婆が、孫娘を枕元に呼び、私の霊的処置を電話で断るようにといいだしたのである。

その老婆は、多少の信仰心もあり、霊的体験もあって、そのような霊的な処置によって人の病いを癒すことがどんなに大変で、その人の命をすり減らすものであるかを知っていたので、もう自分のような八十歳をすぎた老婆が、これから世に立つ若い先生に、自分の命を延ばすためのご苦労をかけることは申し訳ないので、是非断って欲しいとの再三の申し出であったそうである。

しかし、肉親としては、一日でもその老婆に生き永らえて欲しいとの願望もあり、何日間かはその言葉を聞き流しておいたそうであるが、その老婆がどうしても、自分の枕元から電話で私に断るようにと強く要請するので、止むを得ず意を決し、私のところにその旨の電話を掛けてよこした。

そこで、私はその要請にこたえて霊的処置をすることを控え、手を引いた。

それから一ヵ月あまり経った十二月十四日の夜八時半、私のところへ紹介したその彼女の知人から電話が入った。それによると、今、横浜の彼女から電話が入り、胃癌の老婆が危篤状態に陥り、医師の往診を求めたところ、医師は早速往診してくれたが、親族の者達十四人がその老婆の枕辺にはべっており、医師は「病気が病気だし、歳は文句の言えない高齢だし、親族の者も集まっていることだし、何も思い残すことはないでしょう」と言って注射もせず、薬もくれずに帰ってしまったそうである。

そこで、さすがにその親族達は大変医師の対応に不信感を抱き、また心細くなって慌てて私のところに依頼の電話をしてくれるよう、その知人に電話をかけてきたとのことである。私は早速禊をし、午後九時ご神前に額ずき、祈願を込め、さらに約十分間程霊的処置を施した。

翌朝七時頃、その知人の家から再び電話があった。それによると横浜の患者の家から電話があり、昨夜から今朝に至る患者の症状の変化を報告してきたもので、前夜八時すぎから昏睡状態に陥っていたが、午前二時丁度、昏睡状態から意識を恢復し、微かな声で水が欲しいというので早速コップ一杯の水をあげると、それを一気に飲みほしてしまった。水を飲み終ると再び眠りに陥り、それから丁度一時間すぎの午前三時に再び目を覚まして、また水が欲しいというので、あまり水ばかり飲ませても病人の体によくないと案じた家族の者は、コップ一杯の牛乳をあげると、それをおいしそうに飲みほしてしまった。

まさに午前三時から五時までの、その病人の変化は筆にも口にも言い表しようのない、驚嘆すべき奇蹟的な変化が齎されたとのことである。これを一語にしていえば、「まさに死人が蘇るという状態です」と、孫娘は後で私に報告していたが、並いる十数人の親族の者達の前で、皆があれよあれよというちに、まさに死に瀕したか弱い瞳に元気な光が蘇り、段々全身に生気が漲っていくのがひしひしと感じられ、そして、午前五時にはその老婆は床の上に起き上り、この世の最後の別れにと、取るものもとりあえず駆け付けた親族の人達に、一人一人お礼の挨拶を述べたという。

それから二週間ほどして病院に赴き、医師の診察を受けたが、あれ程黒かった胃のレントゲン写真の陰影はすっかり消えてなくなり、その代りに肝臓が相当に肥大していることがレントゲン検査によって判明した。それは恐らく胃の癌細胞の解毒作用による、肝臓の負担過重による肥大であろうと、主治医は述べていたそうである。この肝臓肥大も約二週間ほどして平常な状態に戻り、それから一ヵ月後には、朝普通に床をはなれてコタツの中で一日を過ごし、自分の部屋の掃き掃除ぐらいは自分でできるようになったという。

一度是が非でも自分が元気でいるうちに、日立の先生のところに行って、自分の口からお礼の言葉を述べずにはおられないと言っていたそうであるが、家族が高齢を心配して、そのことは今日まで実現されなかった。

③稲荷《いなり》の霊と癌

昭和五十二年五月十三日だった。日立市内のある五十歳位の女性が私宅を訪問し、いろいろと家庭の複雑な問題の相談を依頼してきた。

それからほどなく彼女は再び私宅を訪問、実は私の姑にあたる人で今年七十四歳になる老人ですが、数ヵ月前より肺癌の診断をうけ、もう既に余命いくばくもない状態で、主治医から秘かに言い渡されていて、「十日から二週間の寿命である」と言われ、私にその病気平癒の依頼をされたのである。

その老人と私は一面識もないが、霊的処置を施すことにした。

癌の患者は、胃癌であれ、乳癌、肝臓癌、喉頭癌であれ、その末期症状ははた目からもみるに耐えられないような、苦しいものであることは周知の通りである。私が霊的処置を施して三日目からは、体の痛みもなく、咳や啖もでなくなり、夜も安眠できるようになった。

全くの寝たきりの病人が、三ヵ月もすると、車イスで病院に通えるようになった。さらに二ヵ月ほどで松葉杖になり、半年もしないうちにその松葉杖も不要になってしまった。

病院を訪ね、主治医の診察を受けたところ、その主治医は大変驚き、老人の肩に手をやり、「おじいちゃん、どうしてこんなに元気になったのかね、その健康になる秘訣を教えてくれないかね」と笑みを浮かべながら肩をたたいて聞かれたそうである。

勿論、病院の主治医は、私が霊的処置を施したことを全く知る由もなかったのである。それからもう七年近い歳月が過ぎていたが、その老人は、市内は勿論、県外の親類も単身で遊びに行き、方々元気に泊まり歩いていた。諦めていた孫娘の結婚式にも元気で出席し、親戚中の人達から驚かれていたそうである。

これは最近の紛れもない事実であるが、この霊的背景に立入って見るならば、この家の屋敷には、古くから稲荷社が祀られてあり、長らくその社は荒れはてるままに放置され、祀りや毎日の供物なども長らく怠っていたのであるが、これは俗にいう稲荷《いなり》の因縁によって生じた病気であるから、その霊的障害を除去することによって、その老人は奇蹟的な治癒帰転をとり、幸福な余生を過していたのである。

最近にいたり、その老人が、八十三歳の天寿を全うして、帰幽したことが知らされてきた。医師の診断書には「老衰のため」と書かれていたそうである。

④脳溢血で意識不明の女性を

これは昭和四十九年五月十七日の夜半のことである。正確に言えば五月十八日午前一時半であるが、日立の私の自宅に、ある婦人から電話がかかり、その人の妹さんが、三日程前に脳溢血で倒れ、市内の病院に入院しているが、意識不明で、病院の主治医も、予後について責任はもてない、況《いわん》や、意識を恢復する保証もしかねるということで、右半身、手足の麻痺があるという状態なので、なんとか病気の平癒をお願いしたいという申し出であった。

電話を掛けてよこした当人に対しても、本人の依頼により、それより三ヵ月程前、霊的処置を何回か施してあげた。ご本人の心の姿勢や、医学常識に対する無感覚的なことが多く、ご本人が期待したような全治の状態には至らず、大体九分通り治癒したという状態で一進一退を繰り返していた。本人は数年前から、ある仏教関係の新興宗教に入信していた。

私も彼女の無自覚さに対する嫌悪感もあり、霊的処置を打ち切ろうと思っていた矢先のことであった。夜半の一時半といえば大抵の人はもう、とうに寝床につき、睡眠中の時刻であるが、私は大抵午前二時から三時に就寝するのが普通であるので、幸いにすぐ電話にでることができた。電話の依頼を聞いた時に、些か不快感を覚え、「私は病気を治す機械ではない、大体こんな夜半にそういう大事なことを頼んでくるとはどういうことですか。真剣に頼む気があるなら、昼間のうちに私の家を訪ねて頼むこともできるし、また電話もできたであろう」と彼女に話した。彼女も初めてその非礼を詫び、改めて妹は年令三十三歳で三歳になる女の子がおり、母を失えば子供が大変不憫《ふびん》なので、なんとか助命をお願いできればという、たっての願いであった。私は些か不憫に思い、霊的処置を引け受けることを話し電話を切った。

私は早速、夜半禊をし、私宅のご神前に正座をし、病気平癒の祈願をし、霊的処置を施し、遠隔治療を施した。

それから私は床につき、朝八時頃起床した。彼女から再び電話があったのは午前十時頃であった。お蔭様で妹が今朝八時頃意識を恢復しましたと大変弾んだ喜びの声でお礼の言葉を述べていた。病院の医師も意識の恢復はもとより、生命の危険も感じ、病人の家族にもそのことを伝えていただけに、医師も大変驚き、その因果関係が分らずに戸惑っているようであると伝えてきた。

それから数日のうちに病状も快方に向かい、二週間前後のうちに麻痺した手足も動くようになり、医師から半ば死の宣告を下された病人が、入院後わずか十八日で退院することができた。

退院後も病気の恢復は極めて順調で、前述の通り五月十八日の明け方、脳溢血で倒れ、意識不明で入院した彼女が、自ら自家用車を運転し、電話をかけてよこした彼女の姉と一緒に私の家を訪れ、私に心からのお礼の挨拶を述べたのが、六月十八日で、彼女が病気で倒れ入院して丁度一ヵ月後のことである。

自分自身もこれが本当かと、まさに夢心地ですと両眼から流れおちる涙をハンカチで拭いながら、感謝の言葉を述べていたのが、昨日のことのように思い出される。

⑤脳溢血で老婆奇蹟の恢復

これは昭和四十八年三月三日のことである。夜八時頃、日立市内に住む知人の婦人から電話があり、さきほど姑が脳溢血で倒れたので、急いで救急車をよんで近くの病院に入院させた。姑は意識不明で、医師も唯絶対安静ということを指示するだけで、予後については全く責任をもてないという状態であることを慌ただしく病院の公衆電話から伝えてきた。

後で詳しく事情を聞いたところによれば、その日、三月三日はいわゆる桃の節句の日なので、夫婦と娘（かつて三十八年七月、盲目同然の眼を霊的処置で見えるようにした娘で前著「深層心理の世界」で詳述）と知人の母の四人暮らしの家庭で、夕食には桃の節句のお祝いをしようということで、夕刻から母娘で、夕食のご馳走の用意をしていた。

電話をかけてよこした婦人の姑、即ち彼女の娘の祖母である当人が、何時ものように夕刻六時ちょっとすぎに、郵便受けに配達されている夕刊を取りにいき、それを携えて自分の奥の部屋に持って行って、一通り読むのが習慣で、その日も自分で夕刊を取りにいき、母娘がご馳走を作っているお勝手のわきの廊下を通って、自分の奥の部屋に戻っていくのを確認していた。

それから二十分ほどして、夕食の用意ができたので、「おばあちゃんご飯ですよ」と裏の部屋に声をかけにいったところ、返事がないので不審に思い部屋の中を覗いてみると、その祖母が俯《うつぶ》せになって倒れ、意識不明の状態で、右半身不随になっているので、素人の眼にも脳溢血で倒れたということがすぐ分かった。

家族はびっくり仰天する心をおさえて、やっと救急車をよび、その間に掛かり付けの病院に電話をして、救急車で病人を運ぶことを伝え、急遽その病院に入院させたという次第であった。

日頃、気丈な老人であったが、八十一歳の高齢で身長も低い方で、やせ型の上品な老婆であった。私は知らせを受け、急いで病院を訪ね、病人を見舞ったが、勿論昏睡状態で、ご本人に見舞いの言葉をかけられるような状態ではなかった。

家族の者にお見舞いの言葉を述べ、その夜は間もなく日立の自宅に引き返した。

その翌日は心に掛かりながら、私の多忙さに紛れて、病院を訪れることもできなかったが、先方からは同じような昏睡状態が続いていること、病院では点滴その他応急処置を施していることが報告されてきた。

病人が倒れて三日目の朝八時頃、私が朝食をとっているところへ、前述の婦人から電話があり、主人の兄弟などに急いで電話で連絡したので、二、三の身内の者が病院に駆け付けたが、親類の者などの意見によれば、病院に入院させておいても、どうせ助からない命なら、ただ入院させておくのも無駄であるという意見がだされたという。

というのも、老婆の病院の医療費は子供達が分担しあって出そうという申し合せになっていたからである。だから、ただ入院させておくだけなら医療費もかさむし、彼等の母親である病人を家に引きとって、畳の上で息を引きとらせてやった方が良いという意見が、大勢を占めるようになった。

そこで病院の主治医の先生に相談したところ、家族の意志に任せるといって、入院以来続けてきた点滴も、はずして片付けてしまっているという状態であるとのことであった。まさに病院は医療の責任を放棄して、自然の成り行きに任せようということのようであった。そこで、どうしたら良いのでしょうかという相談の電話であったのである。

私は食事の途中であったが、箸をおき受話器を耳にしながら異常な憤りを覚えた。八十一歳にもなる老婆が折角楽しみにしていた桃の節句のお祝いのご馳走を目前にして倒れ、ご馳走の一欠片《ひとかけら》も口にすることもできず、意識不明のまま、急遽入院させた自分達の母を、どうせ助からぬ命とはいえ、自分達の医療費の負担を少しでも軽くしたいという極めて、人の子としてのあるまじき、醜い、卑しい心が見え透いていたからである。

私は彼女に対して、「脳溢血で倒れた病人をまる三日もしないで、意識不明のまま家に引きとろうとは何事ですか。それが人の子のすべき行動ですか。ましてや医療費がかかるなどとは言語道断、よし、病院が治さなければ私が手を出そう」ということを伝えておいた。病人を家に引き取ることを止めさせ、私は即座に遠隔療法による霊的処置を施した。八十一歳にもなる老女が、脳溢血で倒れて昏睡状態になってから既に四十時間近く経過し、依然として意識不明のままであれば、病院の主治医もまたその予後について何の確信もないし、手当の施しようもない諦めの気持が漂うのも全く謂れのないことでもなく、その心情も理解できないことではない。しかし、昔の人の言葉に「薬石その効なきことを知っても、なお医薬をすすめるのが人の子の人情である」とか。まさに人事を尽くして天命を俟《ま》つというのが医師の任務であり、人の子の情愛というものではなかろうか。

さて、私が霊的処置を施してから約八時間後、午後四時ちょっとすぎに、病人が意識を恢復したということが電話で伝えられてきた。そこで病院の主治医は大変驚き、慌てて再び点滴を始めたという、まさに笑い話にもならないお粗末な患者への応待ぶりである。私が電話で病院が病人を治せぬなら私が手を出そうと言ったのには、些か隠された理由があったのである。病人が倒れて入院し、意識不明のままで、私が三度目に病院を見舞った時、病人の長男である彼女の息子が、ベッドに横たわっている意識不明のままの彼の母に対して、「おばあちゃん！」と小さな声で呼びかけ、両眼に涙を一杯ためていた。六十歳をすぎ、既に頭髪も薄く白髪も増えていたが、母親を思うひたすらな心情に私は憐れをもよおし、是非ともこの病人をもう一度意識を恢復させてやらねばならないと強く感じたのであった。

病人が昏睡状態から意識を恢復した数日後、私はまた病人を見舞ったが、その時、私は意識を恢復して初めて会ったので、

「おばあちゃん、私のことが分かりますか？」

と尋ねたところ、その老婆は自分が何日間も昏睡状態でいたことなど忘れているかのように、私の質問に些か抵抗を感ずるような口吻で、

「分かりますよ！」

と最後の語尾を上げた調子の返事であった。そこで、側にいた親戚の者達も皆一同苦笑したものであった。

良家の家柄に育った明治生まれの女性の気品の高さを装う心理の一面をみたような気がして、内心複雑な気持であった。

その後、意識も順調に恢復し、付添いや見舞いの人との会話も普通にできるようになり、右手の麻痺は続いていたようであるが、右足の麻痺は大分恢復し、自分で少し動かせるようになった。点滴も続けられたが、流動食も摂れるようになり、血色もよく、ベッドに横たわっている姿はまさに健康な老婆が昼寝をして目をさましたような柔和な顔で、皮膚も少し赤味をおび、倒れる前よりも若々しく柔和な容貌になった。

こうして三月三日の夕刻、桃の節句のご馳走を前に、急に倒れたこの老婆は、心ゆくまで家族との会話を楽しむことができ、脳溢血で倒れて半年位までは殆ど元気を取り戻すかのように見えたが、それ以後は横這い状態になり、昭和四十八年十月十二日、枯木が倒れるようにして、八十一歳の生涯を静かに眠るようにしてあの世の人となったのである。病気に倒れてまさに八ヵ月余、脳溢血による昏睡状態から奇蹟の意識恢復をし、安らかな人生最後の八ヵ月を送ったのである。

彼女の葬式に立ち会った近所の人も、昔から「死なば十月なかの頃」という言葉のように、気候もよく農家の収穫も済み、食物の豊かな時に野辺の送りをされる老婆の幸運を称えていたのである。

⑥ 金波の海に竜神の出御

これは去る昭和五十二年五月上旬、南九州の聖地を旅した時のことである。そのみぎり、古事記にも記されている鵜葺草葺不合命《うがやふきあえずのみこと》をお祀りしている鵜戸神宮《うどじんぐう》にご参拝した時のことであった。

社務所において宮司にお会いし、神宮の大前に正式参拝の依頼をした。その日は前日来の嵐で叩きつけるような雨が降りしきり、東の海は鉛の様に黒く、荒波が海岸の岩に打ち寄せては白波が玉と砕けて、大変雄壮な景観を示していた。

丁度午前十時、白衣をまとわれた神職に先導されて、海岸沿いの道を上り下りしてご神前の大前に進んだ。その神職の方は、私が初めてお会いする方であったが、「偉い方がこのお宮にご参拝される時は、必ず天候が荒模様になるのです。去年の九月、陛下がご参拝の時も酷い荒模様でした」と先導の道すがら話をされた。初対面であるにも関らず、その神職の方は何を思われたのか、そのような言葉を述べられ感激しておられるのをみて、私は大変奇異な印象を受けたことを覚えている。畏れおおくも、陛下と私とを同列の偉いお方という表現で私を評価していることが、その言葉の背後から伺えたからである。

同伴者が二人いたが、あまりに雨風が酷いので、社務所の方で待機するよう指示して、私一人が前述の神職の先導によって、ご神前に額ずいたのである。

雨風の中にも関らず、相当数の参拝者が集まっていた。私はご社殿に上り、ご神前に額ずいたが、その時、異常な神秘な体験をし、感激してご神前を退下し、前述の神職と共に、社務所の方へと引き返したのである。

同じ頃、同伴者達は社務所の前の参集殿の東の海を眺めていたが、「いまごろ先生がご神前でご参拝なさっている頃か」と想いを巡らしていた時、いままで全く空と海の見境もないような、まっ暗な鉛のような海面が、ある線を画して、燦然《さんぜん》たる金波銀波が、遥か沖合いから押し寄せてくるのに気付き、一緒に待っていた同伴者に、沖合いから金波銀波が押し寄せてくるのは、私の目の錯覚かしらと

宮崎県　鵜戸神宮

尋ねたところ、よその方を見ていたその人も海を眺めて、燦然と煌《きら》めく光が神宮の海岸に向って押し寄せてくるのを見て、改めて二人で驚嘆の声を放ったということが報告された。

前述の通り、ものすごい嵐の日で、まっ黒な空と海、太陽が輝く筈は全くなく、二人してその現象を体験したことは、決して錯覚ではなかったことを証明しているといえよう。

しかも、その時刻は後で考えると、私が鵜戸神宮のご神前に額ずき、ある不思議な体験をしたのと、まさに同じ時刻であることが判明したのである。

前述の通り、この鵜戸神宮は古事記にも書かれているように、鵜葺草葺不合命、即ち神武天皇の父君をご祭神としており、竜神界に縁《ゆかり》のあるご祭神であることは周知の通りである。

まさにご祭神が四次元の竜神界から神宮のご神前

に出御された現象が、社務所において待機していた人達に、そういう金波銀波の輝きとなって映ったことは疑いのない事実である。

そこで、先程ご祭神が竜神界に縁があると述べたが、ちなみに竜神界のことについて少しく触れておかねばならない。

よく世間では、白竜とか黒竜、天竜、地竜などという言葉が述べられているが、本来、これは決して正しい呼び方ではない。

おしなべて、この地球を取り巻いている不可見界即ち幽冥界が存在し、特に人類にとって大事な関り合いを持っている世界の一つに竜神界がある。

竜神とは中国渡来の伝説であり、中国人の想像的産物の動物であると普通の文化人達は理解しており、全く自然科学的には架空の存在であると考えられているのが世の常識である。しかし、いまは紆余曲折の論を避け、ただ事実として存在する竜神、及びその竜神達のおられる竜神界について少しく述べておこう。

本来、竜神は神という字が用いられているために、極めて幽玄な高い世界の存在であるような錯覚を起こす人達が多いけれども、竜神界は本来、竜の世と称すべきものであって、いわゆる神界とは別個の存在であることを知っておかねばならない。

そこで竜神界には大別して火竜神と水竜神がおり、日本の有名な火山、阿蘇山をはじめ富士山やその他多くの火山には、それぞれの火竜神がそれぞれの目的をもって修行に励んでいるものである。

また水竜神は、海、入江、港などの守護をして、あるいは池や沼、古井戸などにも存在して、それぞれを住居として修行に勤しんでいるのが通例である。

上野、不忍池で有名な弁財天なども、あの池を母胎として不可見界としての竜神が存在しておられる。少しく修行を積んだ者であれば、恩寵としてその霊体を心眼で拝することが出来た人も、決して数多いとはいえぬが、何がしかの体験者がおられることは否定できない事実である。

また富士五湖など、特に山中湖などには、竜神界が存在し、その竜神の体験をした者も決して二、三に留まらない筈である。

およそ日本人の寿命が延びて、八十年前後を数えるようになっているけれども、如何に日本人の寿命が延びても、一億国民の中で百歳以上の老人は決して数多いとはいえない。即ち、人間の寿命は百歳前後をもって限界とし、天寿を全うしたといわれるが、この竜神界においては、千年単位の修行をするものであって、私の深く関りのある使い神の竜神達も、阿蘇火山の霊界において千年以上の修行を積んでいる御魂である。

断っておくが、ここにいう竜神界とは、地球に直接関りをもつ竜神界のことであって、大宇宙の天地の創造に参画せられる世界が、宇宙の竜神界であるが、これは全く、この地球に属する竜神界とは別個の存在であって、同一の談ではないのである。

よって、天地創造の竜神界については、ここでは全部割愛しておく。

さて、話が横にそれたが、先程の鵜戸神宮のご祭神は、この水竜神界に属する竜神であって、その竜神達が次元の違う世界からこの三次元にその一片鱗をみせる時、そういう神異現象が起こってくるものである。

その竜神達も、この世に出てこられる目的によって、公用、私用それぞれによって、その姿が違い、ある時は女神の姿をもって現れ、ある時は竜体をもって出御されるというように、それぞれ違った表現形態をとられるものである。

ちなみに、私の郷里の家には、私の祖先の依託によって、千三百年前の竜神が、私ども一族の運命を牛耳っていたのである。

これは本来、正しい神祀りという立場からすれば邪道であり、世にいう流行神《はやりがみ》である。正式な神祀りの方法とは決していえるものではない。しかし、私どもの大先祖は我が家の繁栄、子孫の長久を願い、そういう神を我が家に祀り、子孫の安泰を祈願したのである。

これは前にも述べたように、人間としての正しい宗教心、ないしは信仰心、あるいは正しい神祀りという観点からすれば、このような神達を祀ることは決して祝福されるべきことではない。

況や、我われのいう神界における神々ではなくして、幽界の上ないし霊界の下の存在であって、霊界の上と霊界の下の世界には天国と地獄の差があり、霊界の下と幽界の上には天地の差があることを知らねばならない。

我われ人間の本来の位《くらい》はそのような存在に自分の命運を託すべき存在ではない。しかし、世の中には多く稲荷《いなり》信仰や流行神を祀り、現世利益を願う人達の存在することは、昔も今も同じであり、特に終戦後、雨後の筍のような新興宗教の氾濫は、今更説明するまでもない。

決してそれらは、本人にとっても、子孫のためにも、日本国家の繁栄、人間の進歩向上という視野からみた場合でも、喜ばしい現象とは断じていえないのである。

この例に漏れず、私どもの遠い祖先が子孫の繁栄、幸福を願って、我が家に祀り、一家一族の運命を託したこの神達は、本当の人間が本来の神性に目覚め、無限進歩向上の永遠の生命を生き、進歩向上の道を辿る時に、大いなるマイナスになり、真に実在する神々の世界と人間の世界に立ちはだかって、神々の天意が地上の人間に伝わる時に、大きな障害となってくるものである。

しかし、それらの祀り込まれたいわゆる流行神達は、「我われはあなた達の祖先から頼まれた、その依託に応えるために祀られているのである」と言っていたが、私の修行の大いなる妨げをなしてきたことは、まぎれもない事実である。

これらの問題を解決するためには、私が幼少の時から数十年に亘って、血の滲《にじ》む様な修行と、艱難辛苦を克服して初めてなし得たことである。

まさにその修行の最中にあっては、天地が崩れ落ちるような悲惨で暗澹《あんたん》たる体験を通して、これに耐え抜く不撓不屈の精神と艱難汝を玉にするという諺の如く、その大いなる艱難辛苦を通して、その試練に耐え、霊的な能力を養わしめれるものなので、「ローマは一日にして成らず」という喩えの通り、苦難に満ちた道程は、一朝一夕には解決出来ないもので、語るも涙、聞くも涙の人生遍歴が、いま私の心底に甦ってくるものである。

ところで、前述の私の家に祀られていた竜神は、神界の特別の恩寵により、約三十年前、安芸の厳島神社のご祭神の眷属《けんぞく》として奉仕する竜神界へ移していただいたのである。

⑦ 八年もの胃下垂が治癒

これは昭和三十一年八月十二日のことである。私の古い東京の知人で、板橋に住む女医さんがいる。彼女は私が東大の研究室にいた時からの知り合いで、彼女は幼くして父親を失くし、一人娘の彼女は母親の手一つで育てられ、成長して医学の道に進み、大学を無事卒業、婦人科の女医として近くのある病院に勤務していた。

彼女は大学卒業後数年して、ある男性と養子縁組をし、彼等夫婦は彼女の母と同居をし、彼女は従来通り近くの病院に勤務していた。

結婚後一年三ヵ月ほどで彼女は妊娠したが、夫や母は大変喜び、健康な赤子が生まれることを非常に楽しみにしていた。特に彼女の母親は若くして夫を戦災で失った後、女手一つで彼女を一人前の女性に育て、無事彼女に養子を迎えることも出来たのである。生れてくる赤子の顔を見る日が一入《ひとしお》待ち遠しく期待に漲っていた。

そこで、彼女の母親の強い要請により、彼女は健康な赤子を生むことに専念してもらうために、妊娠三ヵ月目から病院勤務を休職にしてもらい、胎児の健康な成長に専念し、育児の準備など、生れてくる子供が、男女いずれか分らぬために、男女両方の赤子の産着を用意し、生まれてくる子供の名前も、男女いずれの場合でもすぐに名付けられるように、名前まで準備をして出産の日を楽しみにしていた。

そうしているうちに、予定日がいよいよ近づき、彼女は今まで勤務していた婦人科の病院に入院し、そこで分娩する手筈にしていた。しかし、陣痛が起こって入院したが、分娩途中でどうしても赤子を出産できず、分娩をはじめてから丸三日間、その病院で苦痛に喘ぎながら辛抱したが、とうとうその病院では分娩させることが出来ず、急遽、東大病院の婦人科に入院し、そこで分娩することにした。しかし、医師の診察の結果、陣痛が始まって以来、長時間たっており、母体の衰弱もひどく、また分娩させることも困難な状態であったので、このまま放置すれば、母体も胎児も犠牲にしなければならない最悪の事態が近づいてきた。母体を犠牲にして胎児を助けるか、胎児を犠牲にして母体を助けるか、その絶体絶命の二者択一の瞬間が訪れた。

そこで医師達は、彼女や彼女の夫、母親と相談し、母体を助けて胎児を犠牲にするほか止むを得ないという結論に達した。その時は既に彼女は自力で胎児を分娩する能力はなくなっており、止むを得ず帝王切開をして胎児を母体の外に取り出したが、その時は予期されたように胎児は死産であった。

以上のようなことがあってから暫くして、彼女の見舞いも兼ねて、夜七時頃彼女の家を訪問した。その時は彼女も大分元気になっており、彼女の夫、母親も交えていろいろ歓談した。その時彼女の母親から、いろいろな質問を投げかけられたので、その解説などもしながら長い時間を費やしてしまった。

彼女の家は先祖以来、日蓮宗の信者であったが、彼女の家にはもう三代も男の子が生まれず、代々女性ばかりの家系であった。それは一体どういう因縁によるものであろうかとか、自分が帰人科の女医で、自分が勤務している病院で、一日何人かの女性の分娩を扱っていながら、自らは妊娠以来一年近くも大事をとって無理な仕事もせず、分娩の日を楽しみに準備を進めたにも関らず、前述の様な悲惨な結末になってしまった。そうしたことへの罪障とか因縁とかいうことなど、いろいろ彼女らの悩み事が次から次へと質問されてきた。

私はそれに対して一応の説明をしておいたが、最後に彼女の母親からの質問とも依頼ともつかない苦痛を訴える言葉が発せられた。彼女の母は身長一五二センチ位、やせ型で顔面も青白く、みるからに病弱そうな女性であった。彼女の言葉によると、八年程前から胃下垂で悩み、医師のもとに通い、いろいろな治療を受けたが何の効果もなく、胃の痛みや不眠により、食事は一日に一度、お茶碗一膳程度の量がやっとのことであった。また食欲もなく、また少しでも量が増えると胃の痛みに悩まされるという状態がこの八年間続いている。明るい晴々とした生活など、この何年間経験したこともないという悲痛な訴えであった。

時計をみると、もう既に夜中の十二時近い状態であったので、直ぐにでもいとま乞いをしなければと思っている矢先のことであったが、その話を聞いて私は些か同情し、私の前に正座するよう指示してその場で霊的処置を施した。

霊的処置を施すこと五分、私の体に異常な反応が起こるのを感じながら、明日から変化が起きますよと母親に言い残して、十二時ちょっとすぎ、彼女の家を辞去した。

私は彼女の家の前でタクシーを拾い、巣鴨の自宅に向かった。私が十二時半すぎに自宅に戻るとまもなく、お腹の調子が変になり、便意を催したのでトイレに入ると、腹痛を伴う酷い下痢があり、私は先程の霊的処置を思い出して、早速始まったなと自分なりに合点しながらまもなく寝床についた。

その翌日から三日間、水様便が烈しく、一日十二、三度はトイレに通った。その年は東京では例年になく晴天の日が続き、日中は三十六度という日が数日間続いていた。部屋の中に坐って、テーブルに寄り掛かっているだけで、汗がじわじわと滲み出てきたことを昨日のことのように思い出す。

そういう中で、以上のような烈しい下痢状態では、想像以上に体力を消耗するし、脱水状態がひどくなってくる。しかし、これは自分自身の病気ではなく、身代りの病気であることを知っているので、その病状とは裏腹に、あまり気にも留めず、普通の食事をとり、また外出もして用事をたしていた。

それから一週間ほどして、多分彼女の母親に変化があったであろうと、それを確めるために電話をした。電話口に応対にでた彼女の声は明るく、あれ以来、体がすっきり軽くなり、気分も極めて良好で、過去八年以来の、せいぜい一日一食、一膳程度の食事しか通らなかったのが、ちゃんと朝昼晩三食おいしく頂けるようになりましたと、晴々とした声で私に報告したのである。

あれ程の酷い私の下痢も三日間すぎたら、嘘のように元の体調に戻ったのは勿論のことである。

⑧ 急性腎臓炎を身代りになって癒す

昭和三十年五月のことである。私の親類の一人であるが、先祖伝来の土地は、大方小作に出していた。戦時中、軍人として召集され軍務に服していた。多くの男性が召集されて、田畑を耕す男がいなくなり、家庭を守る女性達が田畑にでて、男性の代りをした時代であった。

女性の体力にも限度があって、自然小作に出していた田畑も耕す者がいなくなり、荒れるままに放置されていた。

生活の手段として、その農地の一部を慣れない手つきで耕し、野菜や小量の穀物を栽培していた。終戦後、ＧＨＱの占領政策により、大がかりな農地改革が行われ、土地の所有権の大半は小作人の手に渡っていった。

戦後復員した彼は、僅かの田畑を耕し生活の糧にしていた。

復員後、結婚をし、子供も長男が小学校へ入学したが、親の期待するような良い成績は得られず、クラスの中でも中の下程度で、このような成績ではとても将来は期待できず、上級学校への進学も懸念され、家庭や子供の問題でいろいろ相談をうける機会が多く、家庭的にも不運な事が多かった。

丁度その時四十二歳で、いわゆる世間でいう厄年ということが気になり、有名な○○大師へ厄除けの祈願をしてきたいと思うのだがどうであろうかという相談をうけた。それに対して私は期待とは逆に厳しく否定的な解答を述べておいた。

彼はそれ以来、私に対して反抗的な意志を持っており、明らかに横柄な態度を示してきた。

その年の一月下旬のことである。それ以来、彼は私の処への訪問も暫く途絶えた。当時彼は日立市内に住んでいたが、私は日立と同時に東京、巣鴨にも診療所を持ち、ひと月のうち大半を東京で過していた。ところが、四月二十二日の明け方、東京の自宅で近いうちに彼が大病を患う危険があるという啓示を受けた。

しかし、彼の一月来の反抗的な態度をみれば、折角の私の好意的助言に対しても、誤解し、かえって逆恨みするようなそんな態度に、私も不快感を抱き、かつ落胆していたので、直接彼に手紙を出して助言することも些か気が進まず、躊躇《ちゅうちょ》していた。

当時、私は私の母に、日立の診療所の留守を預かってもらっていたが、彼の病気のことが気になったので、私は日立の母のもとに手紙を書き送り、彼が近いうちに大病を患う危険があることを述べ、母から彼に伝達してくれるよう依頼しておいた。

私の母はたまたま所用があって、彼の家に赴き、約六キロ程の距離を、バスで午後二時頃帰宅したところ、私の手紙が届いていたので、開封してみたら、上述のような内容にびっくりして、早速その足でまたバスにのり、彼の家を訪問し、私からの手紙の内容を知らせた。

彼はその時、非常に元気で農事に従事しており、大病を患うような徴候は些かもなかった。

だが、以前からのいろいろな経験により、私の予告が的中していることを体験しているので、少し不安の念にかられたような面持ちであったというのが母の返事であった。

それから暫く、何事もなく過したが、月が変わり、気候に恵まれた五月を迎え、いよいよ農家も農作物の仕事に忙しさを加える時期であった。

そうした五月の中旬、東京の私の自宅の方へ彼からの葉書が届いた。暫く途絶えていた彼からの便りなので、手に取ってみると、葉書にはこまごまと小さな字で書かれていた。それは五月十三日付で差し出されたものであるが、冒頭には、久方の無音を詫びる言葉が述べられていた。その言葉の背後には、さる一月末の私の助言に対する反抗的な態度に対する反省の心が十分に示されていたように思われた。

その文面によると、五月十二日の午後三時頃、午前中と同じように農作業をしている最中に、急に顔や手足にむくみを感じ、頭痛と発熱をともない、倦怠感に耐えかねて家に戻り、掛かり付けの医師のところに診察を乞いに行ったところ、急性腎臓炎で三十九度五分の熱、尿の蛋白もプラス（最高）で全治まで三ヵ月位は加療静養を必要とすると言われた。

彼は非常に驚き、かつ落胆し、農繁期を控え、そういう長期間の病床生活などはとても許される状態ではない。彼は過日の無礼に対して些か反省の気持を抱き、私にその病気平癒のための依頼の便りをよこしたのである。

そこで私は、去る四月二十二日に予告として啓示をうけた内容が、決して私の錯覚や独断ではなくて、正真正銘、事実として現実化したことに驚き、また反面、自分の天与の能力の確かさを確認する意味で自信を得たが、同時に私の身内の者の病気でもあり、複雑な気持であった。しかし、彼が手紙に書いてあるように、農繁期を控え、そのような重病は一家にとっても大変な出来事なので、彼の病気の治療に手をかすことにした。

そこで、特別な霊的処置を遠隔治療によって施した。しかし、本来彼のような心境で、苦しい時の神頼み的な大変傲慢で姑息な依頼の仕方は本来病気平癒の依頼をすべき精神状態ではない。これは大変天意に背くものである。しかし、以上のような止むを得ない、切羽詰まった彼の家庭の状態も勘案し、些か私が身代りとなり、私の犠牲において病気を癒してやることを決意したのである。

十四日午後三時頃である。ところが同日、私の体は急に発熱状態が感じられ、全身熱気が感じられ、体温も三十七度三分の発熱がみられた。それから暫くして午後五時半頃、尿意を催し、トイレで放尿してみると、褐色の濃い尿が出ているのが確認された。倦怠感もあり、その夜は普通に食事をとり早目に午後十時頃に就寝した。

翌朝、再び尿意を催し、トイレに行ってみると、まさに尿の色は昨日の比ではなく、黒褐色の尿で容量も普通より多めだった。これはおそらく醤油を三倍位に薄めた濃さであった。そういう状態がまる三日間続いた。しかし、私はこの症状が私の本来の病気ではなくして、彼の病気を治すための身代りのための病気であることを知っているために、私自身は薬も飲まず、医師の診察も受けず、普通の食事をとり、診療にも従事して一日の生活を送った。四日目の朝、例の如くトイレに行って尿を確めると、まさにびっくり仰天、昨日までの黒褐色の尿はまさに透明な尿の色に変っていた。後日、彼からその後の症状を聞いたところ、三日間で体のむくみも発熱もなくなり、四日目の朝からは普通の農家の仕事ができるようになった。主治医の指示に従い、毎日市内の医師のもとに通院したが、その都度、尿の検査をする医師が、その度毎に蛋白尿の減少が著しいので、大変不思議がっていた。三日目には殆ど蛋白尿がみられない状態であったので、医師は独り言のように、その試験管を眺めながら「誤診であったかなあ？」と呟いているのを彼は耳にしたそうである。

医師に三ヵ月の診断を受けた急性腎臓炎が、私の特別の霊的処置による遠隔療法によって、なんなく健康を取り戻すようになり、私に対する彼の傲慢な態度は、嘘のように消えて、極めて謙虚な態度に変ったのである。

⑨ 頭蓋骨陥没で意識不明を救う

昭和四十四年五月なかばのことである。私が日立の診療所で午前十一時半頃、歯科の診療をしている最中に、診療室に電話がかかった。

受話器を手にすると、東京の私の知人の弟であるという人物が自ら名のり、兄の代りに兄の依頼でお電話を致しましたとのことである。用件はかねて胃潰瘍で入院中の彼等の母親が、既に八十一歳の高齢で、胃にはレントゲン写真により拇指頭大の穿孔があり、体重もやっと三十キロ位という状態で、手術に耐える体力もないので、医師は手の施しようもなく、ただ対症療法を施しているだけにすぎない状態であった所が、既に四日程前から意識不明となり、昏睡状態に陥っているので、なんとか意識を恢復させて欲しいという依頼の趣旨であった。

私はその依頼を聞いて、この家には家庭的に大変複雑な事情があり、もう一度意識を恢復させて、母親に遺言をさせようという目的ではないかと思い、私は椅子に掛けさせた治療中の患者をそのままにして、手を洗い口を漱《すす》ぎ、私の家のご神前に正座し、病気平癒の祈願と遠隔療法を施した。

それからさらにさき程の男性から再び電話が入り、唯今母が意識を恢復しましたという言葉を聞いたのは、最初の電話から三十分後のことであった。それから病人は次第に恢復し、段々体力もつき、奇蹟的に穿孔している胃でありながら流動食も摂れるようになり、穿孔性腹膜炎を起こすこともなく、丁度二ヵ月ほど生き延びて、これもまた枯木が倒れるように、静かに永眠されたのである。

昏睡状態から意識を恢復させた病人の話を述べたついでに、いま一つ意識不明の患者を恢復させてあげた例を述べておこう。

それは昭和四十八年十月十三日のことであった。私はその少し前、五月の初めから東京は新宿歌舞伎町に新しい診療所を設け、週二回上京していた。そのような訳で、私が上京した日に私の知人の紹介で五十歳前後の婦人が見え、実は主人が三週間程前、交通事故を起こし、頭蓋骨陥没で意識不明のまま都内の病院に入院しているという話であった。陥没した頭蓋骨は鶏卵大で、これは手術により取り出して冷凍庫に保管してあるが、意識が恢復しないために頭蓋骨縫合手術ができないでいるのだという。

医師の意見では、いつ意識が恢復するかという何の目標もなく、もしかすれば、このまま植物人間として経過し、やがて心臓が停止するかも知れない、というような予想であると言い渡されていた。

その婦人は、日蓮宗の信者で、いろいろな祈禱者に依頼して病人の意識の恢復を願ってみたが、何の効果もなかったとのことである。そこで、私の知人の紹介を得て藁《わら》をもつかむ思いでこの病人の意識の恢復を依頼するために、私の診療所を訪問したという次第である。

私はその依頼に応じて、本人の住所、氏名、生年月日及び入院している病院の名前をメモさせ、遠隔療法により霊的処置を施した。それは午後四時頃のことである。

その翌日夜、日立の自宅の方へ電話がかかり、病人が午後三時頃意識を恢復したという報告である。それから約一週間後、無事頭蓋骨縫合の手術が終り、さらに約二週間後には退院できたのである。

⑩ 霊峰富士登山で神秘現象の数々

「晴れてよし、曇りてもよし富士の山」と詠われているように、霊峰富士は日本最高の霊山である。「マウント・フジ」の名前は世界に知れ渡っているが、富士山がただ単に日本の霊山であるばかりでなく、世界人類の金字塔として、今後の日本と世界人類に果たす霊的役割は極めて重大なものがある。

富士山が、霊的なお山であるとは、幼少の時から聞かされていたが、私はなかなか富士山に登る機会を得なかった。というより、決して、安易な心で登ってはならないお山であることを知っていたので、富士山に登る機会に恵まれなかった。心身共に潔斎し、修行の段階を経て、修行の完結として登るべきお山であるということを知っていたのである。日本一の高い山とはいっても三七七六メートルという高さは、世界的視野でみるならば、決して高い山ではなく、また、登山道も昔は富士吉田の浅間神社の裏から頂上に徒歩で登るのが定石であった。しかし、いまは河口湖から富士スバルラインの舗装道路ができ、バスでも一時間たらずで五合目までは到達することができるように、大変便利になって来ている。今日では、富士登山といっても、小御嶽《こみたけ》神社がある五合目から徒歩で登るのが普通の登山者のコースであり、登山道もよく整備されていて、女子や老人、子供でもその気になれば登ることができるし、お金と時間さえあれば、体力に自信のない人でも、七合目までは馬で登ることができる便利な時代である。

現代の地球物理学の教える所によれば、富士山は今から三十万年位前に噴火を始め、古富士といわれる箱根あたりと同じ位の山と、小御岳という山の中間から爆発が起こり、その後何度も爆発を繰り返して、今日見られるような富士山の高さと、端麗な容姿が見られるようになったのだといわれている。

バスの終点には小御嶽神社が鎮座しているが、その辺は大昔、小御岳の頂上附近であったといわれている。アメリカなどにはロッキー山脈やアンデス山脈などの連山があり、四千メートル以上の山が決して少なくない中で、富士山の高さは決して高さの故に自慢のできる山ではない。しかし、「山高きを以て貴からず」と昔からの言葉もあるように、その山の価値は高さや単に外見上の容姿に留まるものではない。しかも、富士山は日本人はもとより、外国人にも名山として名高く、大空に高く聳《そび》え立ち、白雪を頂いた霊峰富士の姿は、洋の東西を問わず、老若男女、学、不学を問わず、その霊峰富士の姿を仰ぎ見る時、無条件、直観的に、その美しさに感動を覚える。万物の霊長である人間として霊峰富士に接する時、人間の魂の故郷として、大きな魅力をもち内面的な偉力を持っている名山である。

普通の登山者は、七、八月の頃、夕刻前に五合目を発ち、七合目のバンガローで仮眠をとり、夜半、七合目のバンガローを出発して、頂上に四時半頃到着し、真夏であれば四時四十五分位のご来光を目当に登山するのが普通である。

私はかねて富士登山をしなければならないということを心に期しながら、不用意な心で登山をしてはならないという自戒の心もあり、自重していた。私が富士登山をしようと心に決めてから丁度十四年目に、富士登山が実現したが、その間いろいろな修行の段階を経て、修行の最後の仕上げとしての富士登山にしたいという誓願からであった。

最初に私が富士登山をしたのは昭和四十一年七月末のことであった。それは富士登山のバスの団体旅行に応募して、親類や知人数人と共に富士登山を試みたのである。それ以前においては、五合目まではバスで二、三度いき、小御嶽神社にご参拝をして帰っていた。

最初は常識通り、団体の他の人達と一緒にバンガローに八時頃到着し、そこに泊めてもらい、すしづめの中で横たわって、仮寝をしようとしても周囲が騒々しくて、とても眠れるどころの騒ぎではない。ただ目をとじて、少しでも疲れを癒そうと努力するのが精一杯だった。

ところが、十時すぎからにわかに空模様が急変し、夜半十一時頃には雷鳴が轟き、ものすごい稲妻が休む暇もない程烈しい夕立の中に、まさに万雷が一時に落ちるとはこのことであるかとひしひしと実感し、周囲には何度か落雷の火柱が立ちのぼるのが近くに見られた。まさに生き地獄みたいな様相で、間違っても眠れるような状態ではなかった。そういう状態が約一時間ほど続いた。この調子では一体どうなることであろうかと、皆それぞれに危惧の念を抱いて話しあっていたが、夜半十二時を過ぎる頃には嘘のように空は晴れ上り、雲一つない状態になり、その気象の変化に合わせるように皆登山の用意をしはじめ、私共も用意を整え、十二時半すぎ頂上を目指して歩き始めた。

さき程来の雷雨によって土は充分に湿気を帯びて、歩いても砂ぼこりは立たず、さりとて歩くに不安を感んずるようなぬかるみの状態ではなく、清々しい空気が全山を覆い、満天に煌めく星空が本当に手の届くような近さに感じられ、皆幸運を喜び合いながら登山したのである。ところが、この団体は五十人ほどの団体であったが、その中に二十人以上の人々が山岳部に属する本格的な登山の服装を整え、ベテラン達が揃っているのに気がついた。山になれた彼等は登山の歩調も早く、七合目から頂上までわずか二時間半で登っていったようである。

初めて登山する私には大変きつい体験であったが、親切な山岳部の会員の方が、私を助けてくれ、辛じて二時間半の行程を無事頂上まで辿り着くことができたのである。後で聞いたことであるが、一番早い人は二時間足らずで頂上まで行ったとのことである。

いわばこの登山が本格的な登山のリハーサルである。翌年は七月末から八月初めにかけての登山であって、日立を午前五時少し前に出発し、観光バスで五十人ほどの人達を引率して、私が先頭に立って登山することになった。定刻三時に五合目を出発する筈であったが、予め五合目から案内を依頼しておいた強力《ごうりき》が、何らかの手違いでとうとう姿を見せないので、午後一時半頃五合目に到着し、レストハウスで着替えをし、予定通り三時に出発、私が強力代りに先頭に立って案内役をかってでた。

五十人ほどの一行の中には、老人もおり、病弱者もおり、その年の三月頃には、病気で病院に通っていたが、なかなか治らないので、私が依頼を受けて病気を治してあげた者も数人混じっていた。前年のように、七合目に行って横になり仮眠をとり、やはり十二時頃起きだして身仕度を整え、頂上を目指して登りはじめた。しかし、八合目のいわゆる胸突き八丁に辿り着いた頃は、皆疲労困憊《こんぱい》し、途中小休止をしながら登山したが、自分達がそれぞれ背負っている身の周りの品物を入れたリュックサックも体に堪えて、本当に辟易している状態であった。

五合目から仰ぐ富士の山頂

そこで、私は一行の者達をそこに停止させておき、そこから前方二十メートル程進んでから立ち止り、大きな声で一声「やまびとども出て来い！」と一喝した。やまびと（山人）とは、いわゆる俗にいう天狗のことである。富士山を取り巻く不可見界には、いろいろな世界があるが、仙界や竜神界など人間界に深い関りをもっている幽冥界がある。俗に天狗と呼ばれているが、これは俗説であって、やまびとと呼ぶのが正しい呼び方である。

山人達の世界はいわゆる仙界に属し、さらに仙界は神仙界と仏仙界に別れるが、山人達が属する世界は、神仙界の中程度以下の世界であって、決して高い仙界ではなく、生前修行などの縁により、死後この世界に入っていく人間の霊魂も稀ではないのである。

あの筑波山で有名な寅吉物語の寅吉なども、偶然な機会から仙界において修行し、いろいろ不可思議な現象を起こし、当時の江戸八百八町にその名が轟き渡っていた。当時の国学者平田篤胤《ひらたあつたね》は、彼の噂を聞いて自分の家に呼び、書生として同居させ、彼が見聞した神秘な現象を記録したのが、寅吉物語といわれるもので、日本の神霊研究の資料としては草分け的資料として、その道の人であれば、誰でも知っていることであろう。

私はこの山人どもを呼びだし、慣れない登山で疲労困憊している一行の者達の荷物を背負うことを指示したのである。それから直ぐ一行には前進するよう指示し、今まで疲労困憊《こんぱい》してきた彼等も、胸突き八丁をなんなく通過し、九合目に辿り着いた時には全然肩の重さを忘れた位に元気溌剌《はつらつ》として、丁度四時三十分頂上に到着したのである。

当日の富士山頂でのご来光の時刻は四時五十二分。山頂の小屋で甘酒の接待を受け、小高い所に行ってご来光を待つ。私は皆と少し離れた高い所に一人立ち、ご来光を待った。定刻、太陽は真綿のような紫雲たなびく間からキラリとその姿を見せ始め、真紅の太陽が完全に姿を見せた時には、太陽の光芒が八方に輝き、一同、荘厳さに心をうたれ、ご来光を拝することができた幸福を、肩を抱き合い涙を流しながらお互いに祝福しあったのである。五十人の一行の中で数人のものは、年令や体力に自信がないため、六合目のバンガローに留まって、そこでご来光を拝もうと別行動をとったのであるが、何も知らないそこの茶屋の老婆が、「私はここで五十年以上も住んでいるがこのような素晴らしいご来光を仰いだのは十年来かつてないことですよ」と言って、感激していたというが、その時拝した太陽の背後に、私は紛れもなく実在される太陽神界の神秘をまざまざと体験していた。しかし、その内容については敢てここでは割愛させていただくことにする。

その時私は十余年の歳月を心に秘めて修行の段階を噛み締め乍ら、富士登山をしたことを本当によかったと心から感動し、自らを祝福し、天界の恩寵を感謝し、真に満たされた思いであった。その感動は未だに私の全身全霊に焼き付いていて生涯忘れることはないであろう。

さらに、その翌年は前年と同じ季節に、やはり五十人ほどの「わたつみ友の会」の会員達を連れて富士登山を試みた。今度は、富士山頂のお鉢巡りをするのが目的であったので、早朝七合目のバンガローを出発し、九時少しすぎには頂上に達することができた。小憩の後、約二時間程をかけて無事お鉢巡りを済ませ、途中山頂の測候所に立ち寄り、お茶の接待を受けて小休止。帰りは七合目から砂すべりで六合目に到達する予定であった。昼間の富士登山で多くの人達を引率して団体行動をとる時に、一番心配されるのは日射病に冒されることである。

そこで、私は日立を出発する前日に、我が家のご神前に天候の御加護を祈願し、ある約束事が交わされていた。五十人前後の会員達は無事、下山の途につき、七合目からそれぞれ砂すべりで下山していった。私ども五、六人の者達は、落伍者のいないことを確認するために、しんがりを務めることにした。

無事会員達が下山していくのを確認、七合目を下りようとして時計をみると、正午を五分程まわっていた。その時ふと気がついて大空を仰ぐと、真夏の太陽が燦燦《さんさん》と熱い光を放っていた。そこで私は独り言のように、「十二時を過ぎたら富士山の上空は曇らせることになっていた筈なのになあ」と言いながら立ち止り、山頂に向って「竜神ども雲をおこせ！」と一喝した。同伴者達はびっくりして唖然としていたが、それから三分もしないうちに五合目のあたりから、靄《もや》が沸き起こり、忽ちのうちに六合目から七合目に向かって靄が迫ってくるのが認められた。人々はびっくり仰天、期せずして感嘆の声を放った。全山を覆うのに数分とはかからなかった。

さき程まで燦燦と輝いていた太陽の姿は最早なく、微かに靄の間を漏れる薄明りがあるだけである。まさに降らず照らずの絶好の条件となり、気温も急に下り、会員達は快適な中に無事下山をすることができたのである。

前年は私共を仙界が出迎えることになっており、今年は竜神界が出迎えることを知っていたので、私は前述のような指示を出したのである。

天候を司るのが竜神界の管轄である。ちなみに昭和三十九年の真夏八月末の時であったと思う。東京は珍らしく三十度以上の気温の高い晴天の日が続き、気象台始まって以来の記録破りの晴天続きであったとか。私がたまたま所用があり上京して知人の家を訪れたが、トイレを使わせてもらい、洗面所で手を洗おうと、水道の蛇口を捻ってみたが、東京は渇水状態で赤錆びた水がチョロチョロと流れ出る程度であった。生活に欠かせない水がこんな状態ではどうにもならないと心から同情した。

その日の夕刻、日立へ帰宅し、東京の知人宅へお世話になったお礼の電話をかけ、お礼の印に極近いうちに雨を降らせて、水道の水が不自由なく使えるようにしてあげましょうと言うと、知人は大変びっくりしたようであった。

同じ雨を降らせるにしても、水源地の水を蓄えさせることが先決であった。私は水源地の上空に雨を降らせるよう祈願を込めておいた。その翌日の明け方から三十数日ぶりに降りだした雨は、夕方まで降り続き、夕方、NHKのニュースを聴くためにラジオのスイッチをいれると、丁度タイミングよく、アナウンサーはその日の久方ぶりの大雨のことを話していた。久方ぶりの慈雨のため、困りはてていた都民の水不足の生活が潤ったこと、さらに不思議なことに、この大雨が小河内ダムの上空、及びその周辺に主に降ったことを特につけ加えて報じているのを聞いて、一人静かに会心の笑みを浮べたものであった。勿論、知人から当日夜、非常にはしゃいだ声でお礼の電話がかかってきたことはいうまでもない。もう二十年以上も前の話である。

史上、日蓮なども雨乞いをして雨を降らせたことが伝えられているが、彼の霊魂の戸籍はもともと人間の御霊ではなく、地の竜神界に属するものであるが故に、そのようなこともできたであろうし、決してそれは、偽りのことではないと思われる。

富士山の話が出たついでに、もう一つの事例をつけ加えておくことにする。

私が主宰する、社会教育団体「わたつみ友の会」において、毎年秋十一月中旬、一泊ないし二泊の研修旅行を行うのを恒例としている。

数年前、即ち昭和五十六年に観光バス一台を借りきって五十人ほどの会員を引率して、箱根、富士五湖方面に研修旅行をした時であった。夜八時頃、日立を出発し、新宿より中央高速道にのり、富士吉田の浅間神社の境内に到着したのは午前二時頃であった。当初の予定ではそこに車を停め、会員達をバスの車中で仮眠させ、夜が明けてから浅間神社に正式参拝する予定であった。しかし、現地に到着してみると、境内の鬱蒼《うっそう》とした杉の木立の間から皓々と冴えわたる月の光に照らされて、境内は思ったより明かるかったし、会員達も境内に到着したこともあって、皆目を覚ましていたので予定を変更して、御手洗《みたらし》の清冽な水で手を洗い、口をすすぎ、浅間神社の大前にご参拝をすませ、小憩ののち、富士スバルラインを通って、五合目でご来光を仰ごうと五時少し過ぎに登山口に到着した。

ところが、スバルラインを登り始める頃から周辺には靄が立ち込め、五合目に着いた時には、富士の頂上はおろか、視界の全ては靄に包まれ、数メートル先の人影も殆ど見えない状態で、折角ご来光を拝もうとして楽しみにきた五十人前後の同行者達は、すっかり落胆してしきりに残念がっていた。

私は、近くにいた会員の二、三人に、この靄は単なる靄ではなくて、大変謂れのある靄であるよと言ったまま、詳しい説明は控え、無言で富士の高嶺を背にし、東の方を向いて瞑目したまま佇立《ちょりつ》していた。

そしてひたすら心を静め、無事ご来光が拝めるよう念じた。私が無言でいるので会員達も後ろの方で佇んで、無言で事の成り行きを見守っているようであった。

佇立すること十分足らず、私がおもむろに目を開けて見ると、まさにびっくり仰天、さき程迄、全然視界を閉ざしていた靄はすっかり晴れ上り、雲一つない晴れわたった大空となり、白雪を頂いた富士山頂の上空には月が冴え渡り、東の空からは真紅の太陽が燦然たる光を放ちながら姿を見せた。紋付白足袋姿の私の羽織には、神授の日月の紋が据えられていた。荘厳な朝日のご来光、そして今、この山頂に輝く月。まさに日月を抱いて天地に卓越した思いの感激の一瞬であった。何れにしても、会員達がこの事実に感嘆の声をはなったのは、当然であったと思われる。

⑪ 十二年前亡くなった娘と対面

昭和三十三年九月初めのことである。神奈川県下のある熱心な日本キリスト教に属する牧師がいた。既に六十歳を過ぎていたが、三十年間、バイブルを懐から放さなかった程の熱心なキリスト教徒であり、さる教会の牧師として周囲の牧師達や信徒達からも尊敬され、慕われていた。その人物が中心となって聖書の研究会が行われ、約六十人ほどの牧師が集まり、熱心に研究を続けていた。

バイブル研究講座の会を重ねていたある日、講座の済んだ後、その牧師が他の聴講者が帰った後、個人的な相談があるので時間を頂きたいということで面接した。

その牧師が言われるには、「私の親がキリスト教であった関係から、小さい時からバイブルに親しみ、成人してキリスト教徒として洗礼を受け、後に牧師として熱心にキリスト教を信仰し、布教に努力して参りました。しかし、私には一つの大きな悩みがあるのです。私には一人娘がおりましたが、娘が十八歳の時、急病で他界してしまいました。それは今から十二年前のことでありまして、私ども夫婦にとって掛替えのない、愛しい一人娘を失い、暫くの間、ただ呆然として毎日の生活も、落ち着かず、半年近い間は悲嘆にくれた生活を送っておりました。しかし、月日が経過するうちに、いつまでもこうして過去に取り組って、後向きの生活をすることは善くないと自らを励まし、心を外に向けるように、社会的活動をすることによって閉ざされた悲嘆の心から解放されたいと思い、バイブル研究会を続けてまいりました。しかし、夜になり、一日の仕事を済ませ一人になった時、いつも心に浮かんでくるのは、亡くなった娘の想い出でありました。そこで、私はイエス様にお願いして、あの世の娘にただ一度でいいから会わせて下さいと、朝に夕に祈り、かつ懇願いたしてまいりました。しかし、娘が亡くなってから既に十二年にもなりますが、私の弛まぬ祈りやお願いにも関らず、イエス様にこの願いは受けいれて頂けなかったのでありましょうか、とうとう今日まで私の娘に会うことが出来ないのです。先生！なんとか娘に一度でもいいから会える方法は無いのでしょうか」と悲嘆やるかたない表情で相談され、懇願されたのである。

そこで私は、現在、霊界におけるイエス・キリストはそのような人間界の願いを聞き入れ、かつ功徳を施せるような状態におられないことを伝え、したがって、あなたが今後何年間、そのような祈りを込めても、あなたの期待は実現されないでしょうと述べておいた。

するとその牧師は、何としてでも、私のこの切ない願いは達しられないのでしょうかと、にじり寄ってきて、まさに真剣そのものの眼差しであった。

そこで私は、この世に生存する人とあの世に往った人の御霊とは波長相応の理によって、それより上の世界において、その人達が夢の中で巡り合うことがプラスであると認められない場合は、如何に祈っても懇願しても、その希望は達成されないという霊界の掟があることを述べておいた。また両親や身近な肉親が帰幽した場合、普通、人情として生前の写真を霊前や部屋の一隅に飾っておく情景は、日本では至る所で見られる現実であり、肉親としてその人の写真を通して、在りし日の面影を偲び、その御霊を慰めようとする心情は、人間として自然であり、むしろ、人情の美徳と称えられても差し支えない自然の姿であろうと思われる。しかし、このような地上の人間の倫理的道徳的尺度において、正しく善美な行為であるように見える現象も、あの世の尺度からすれば、決して一方的に正しいとか、善美であるとかいえない事情があることも付け加えておいた。

さらに、最後に牧師の娘を想う心情への餞《はなむけ》として、娘に会えるようになるための祈願の対象の神様と、その神様への礼儀、順序と方法を教えておいた。彼は非常に喜んで厚く礼を述べ私の前を去って行った。

彼は早速、私に教えられたような祈願を、ただ自分の娘の御霊に会いたい一心で、自らがキリスト教の洗礼を受けた牧師であることも全く忘れて、ひたすら朝夕熱心に祈願を込めた。しかし、十日経ち、二十日たっても期待したような現象は起こってこなかった。さらに一ヵ月がすぎ、二ヵ月も夢のように過ぎてしまった。しかし、何の体験も現象も起こらなかった。

そこで、彼はやはり駄目なのかと思い、その祈願も無駄ではないかと秘かに諦めはじめていた。ところが五月八日の朝澄みきった青空に太陽が昇る八時頃、いつものように瞑目して祈願を込めていると、座敷の床の間の一隅から、鈴を振るような涼しい声が聞こえてきた。ハッとして我に返り目を開けると、燦然たる金色の光に包まれた中に、十二単衣の衣裳に包まれた姫神のような神々しい姿が目に映った。彼は愕然として夢ではないかと思い、目をこすって再び見上げても同じ姿がそこにあり、指で自分の腕をつねってみても、やはり実感そのものであった。そこで彼は心を鎮め、「あなたはどなたですか」と、その幻の天女に対して声をかけた。その女人からはその返事はなく「私が分りますか?」と言う返事が返ってきた。彼はどう見ても、どう考えても分らないので、「分りません、あなたはどなたですか」と再び声をかけた。再三、再四、同じ言葉を繰り返した時、やっとその女人から声がかかり「私は十二年前に亡くなったあなたの娘の珠美です」と言う返事に、彼はまたまたびっくり仰天し、目を据えてよく見詰めると、色白で若々しく威厳をもった気品の中に、十二年前、十八歳で亡くなった娘の面影を垣間見ることができた。嬉しさのあまり嗚咽《おえつ》し、かつ教えられた通り祈願を込めて達せられたことへの深い喜びと感激が涙となって彼の頬を濡らしたのである。

しかし、彼の娘からの言葉は彼の意表をつくものであった。「お父さんは長い間、私の名を呼び続け、私に会うことを祈願してこられましたけれど、今日は特別の神様の御計らいによって、こうしてこの世に現れ、お父さんに会うことを許されました。私は一人できたのではなくて、私を守護したまう守護の御霊に支えられて連れられてきたのですが、お父さんには私の姿だけで高い守護の御霊のお姿は見えないでしょう。今日私がお父さんの前に現れたのは、神様の世界が実際に存在し、人間が死んだ後にもあの世の霊魂が存在し、生き続けているのだという真理を伝えるためにやってきたのです。お父さんは絶えず私の名前を呼び続けておりますが、それは私の修行の邪魔になり、進歩向上の妨げとなるのです。これからは決して私の名前は呼ばないで下さい。それがこの世とあの世の掟なのです。それを敢えてすることは神の掟を破ることになるのです。罪を天に積むことになります。どうかこれからは私の名を呼ばないで下さい」。

燦然たる光の中で親子の対面は約三分間位続いたと彼は述べていた。彼はこの事実を感激の涙の中で私に報告したのである。上述の通り、この世の善が必ずしも善ならず、この世の正義が正義ではない、地上の人間の独り善がりの正義感や美醜善悪は、往々にして天意に背くことがあることを知っておかなければならない。やはり人間は天地の真理を学び、体験し、広大無辺な世界に謙虚に心を開かねばならないと思う。

ことのついでにもう一つの事例をあげてみよう。これは昭和三十年十二月半ばの頃と記憶しているが、私の知人がある宗教団体の印刷物を持ってきた。その宗教団体は南関東に本部があり、数万人の信徒を擁し、その信徒や協賛者の中には、元の大臣とか代議士、現職の代議士、知事などの著名な人の名前も連ねられており、伊勢神宮の神域の近くに、新たに天照大御神をお祭りするためのご神殿を造るようにとのご託宣により、有志の人達から募金を募るための趣旨の印刷物であった。そのご託宣によれば、その教祖の座敷の部屋で一人就寝中、夜半急に部屋の中が昼間のような燦然たる太陽のような光に包まれ、部屋の天井の一隅のあたりに、十二単衣をまとった姫神の姿が現われて、鈴を鳴らすような澄みきった声で、伊勢神宮の神域の近くに、新しい天照大御神をお祀りするご神殿を造れとのご託宣に、教祖はびっくり仰天、さらにそれに附随していろいろな神秘現象も起こり、それが周囲の噂になり、多くの人が噂に噂をよんで訪ねてくるようになり、それが前述のような趣意書となり、多くの著名人もその発起人あるいは協賛者の中に名を連ねていた訳である。

私はそのような現象が起こることには、大変腑に落ちないものを感じたけれども、事があまりに重大であるため、簡単には行わない神意を問うことにしたのである。勿論それは潔斎をし、禊をして後の行動である。ところが、その結果は私にとって大変恥ずかしい赤面する思いのご啓示であった。

「そのような事は、わざわざ神界の意思を問うまでもなく、そなたが一番よく知っている筈のものである。そのような地上におけるその者達の動きは、伊勢の神界とはなんら関わりも無いことである」というご啓示であった。私はそのようなことでわざわざ神慮を煩わしたことを大変申し訳なく思い、同時に私が神界から拝受している使命の重大さを改めて痛感した次第である。

以上の事実でも分かるように、戦後のいろいろな新興宗教の教祖達は、いわゆる一夜漬けの神憑《かみがか》りにより、上述のような神秘現象に触れ、それが天地の高いご神格の大神のご神意であるかのように錯覚し、自らも信じ、多くの人々をも惑わしているのである。罪を天に積むことが多いことを肝に銘じておかねばならない。

決して高いご神格の神々は、一夜漬けで田夫野人に神憑りすることなどは、絶対にないことである。真の神憑りには、礼儀があり、順序があり、大義名分が存在し、それだけの器の人間でなければ、真の神憑りは断じて起こらない。無形の世界に心を致し、宗教とか信仰とかの名において、天地の真実を求めようとするならば、もっと円満な常識を踏まえながら、修行の定石を踏んで、天意を拝受できるような器になることが先決なのである。ただ目先の利害得失、現世利益に惑わされて、かりそめな心で宗教とか信仰とかの道に入っていくのは、大変危険なことである。

この世の中にも善悪いろいろな人間がいるように、あの世にもいろいろな種類の霊魂が存在し、人間の霊的無知に便乗して、神の御名を僭称《せんしょう》し、迫真の演技を演ずるものが決して少なくないのである。

⑫ 胃癌はご神意による冥罰であった

これは昭和二十八年十月初旬のことであったと思う。私の住んでいる日立市内に、ある市会議員がいた。彼とはその三年程前からある会合で知りあう機会があった。

私は自分の身近な者に、あの人は今さっそうとして市会議員のバッジを胸に、大手を振って歩いているが、数年のうちにあの人は良からぬ人生の末路を辿るようになるであろうと秘かに予告しておいた。

彼は、数十人の従業員を使って事業を経営していた。それからあまり彼に会う機会もなく、三年余りたったある日、彼の事業所の支配人が私の家を訪れた。彼が胃の具合が悪いというので、市内のさる病院で医師の診察を受けたところ、胃癌が相当に進行し、急いで手術をしなければならないということで、本人には病名を知らせず、家族の者にだけそのことを伝え、本人には胃潰瘍の手術をするということにして、病院の指示に従って急遽入院し、手術のためのいろいろな検査を受けている段階であった。

その支配人は、私に病気治療に関する依頼を申し出た。そこで私はその病気は決して偶然のものではなく、深い謂《いわ》れがある筈であり、また家族の中にも他に精神的疾患の者がいる筈である。本人も何か思い当たることがある筈であるということを申し述べておいた。勿論私は、彼の家を訪ねたこともなく、また周囲から彼のことについて詳しい話を聞いたこともなかったのである。

私の話を聞いた支配人は、翌日早速病院に赴き、私からの話を具《つぶさ》に話したそうである。ところが本人は、再びその支配人が私の家を訪れ、その会話の内容を報告したところによると、確かに思い当たるところがあると、いっていたそうである。そこで本人は退院したら是非私の家を訪ね、改めてお願いしたいという返事だったとのことである。

その報告を聞いた私は、そんな悠長な時間的余裕はないと、その支配人を促し、再度彼に話をするよう指示しておいた。そこで病気治療の依頼を受けた責任もあり、病気の内容もさることながら、その謂れも極めて重大であることを感知していた私は、改めて病気の治療を引き受けるかどうかを決定する前に、ご神意を伺うことにした。

啓示の内容を要約すると、結論的にはその胃癌はご神意による冥罰としての病気であることが判明した。

日立市は戦時中、日立製作所及びその関連会社がたくさん存在し、戦争遂行の重要な軍需工場として、相当の生産をしていた。したがって、敵方のアメリカが、この工場に目を付けるのはむしろ当然であった。

昭和二十年六月十日にはＢ29爆撃機百機編隊による日立工場及び関連工場の爆撃が白昼はじめて行

われた。一トン爆弾が日本の国土にB29によって落されたのは、これが最初であった筈である。このため市内には千人以上の死傷者を出し、爆撃による黒煙は天に沖《ちゅう》し、B29が去った後の現場はまさに惨憺たる阿修羅の巷となっていた。

当時、私は医科歯科大学の学生時代で、前夜遅く、市内から六キロはなれた実家に帰省し、朝八時すぎ、両親らと共に朝食をしている最中であったが、B29の編隊が我が家の庭の上空を北に向って飛んで行くのを見て、始めは仙台へ爆撃にでも向うのかと話し合っていたが、念のため我が家の裏山の小高いところに上ってみると、黒煙がもうもうと何ヵ所からも天に沖しているのを見て、日立が爆撃されたことにすぐ気がついた。

さらに同年七月十七日夜半から雷鳴轟き、沛然《はいぜん》たる雷雨の中で、アメリカ主力艦による艦砲射撃が日立の工場めがけて約二十分にわたって繰り返された。私はその時、東京に下宿をしていたので、その現場を体験することはできなかったのだが、家族の者の話では、艦砲射撃の最初は、雷鳴と稲妻に震撼《しんかん》されて、よもや敵の艦砲射撃であるとは全く気付かなかったそうである。ところが、大きな居宅が、地震の時のように揺れ動き、三十秒おき位に巨砲からの弾丸が撃ち込まれて、はじめて艦砲射撃であることに気付いたという。

雷鳴轟く中で裏の竹やぶの中に設けられていた防空壕に避難しようとしても、家の振動が烈しく、暫くして艦砲射撃の頻度がすこし少なくなった頃合いをみて、やっと逃げ込むのが精一杯であったとのことである。

翌朝、夜が明けてから気づいたことであるが、艦砲射撃で我が家の屋敷にも、駝鳥《だちょう》の卵位の大きさの破片が鋭利な刃もののように尖って落ちているのが見つかり、その脇にあった大きな御影石が、真っ二つに割れているのが見出された。多分その御影石に直撃し、それから破片は飛び散ったのであろうと思われる。

さらに続いて七月十九日の夜は、焼夷弾攻撃を受けた。市内の一斉攻撃は敵の飛行機からの爆撃予告の宣伝ビラが撒かれた後、その夜焼夷弾攻撃により、市内は八割程度焼き尽くされてしまった。

そこで当然のことながら、市内の中央にあったある産土の社も、鬱蒼《うっそう》たる大木に覆われ、荘厳なお社であったが、三百年以上たっていると思われる杉林の神奈備《かんなび》は、根元から三メートル前後を残して、きれいに焼き尽くされてしまったのである。

土木事業をしていた彼は、立派なそれ相応の神社を再建することを条件に、法外な安値で数十本の焼け残った杉の木立を買いとったのである。彼はこの神木を製材して莫大な利益を得たといわれている。しかし、彼が再建したお宮は、二間四方位の、文字通りバラックで名ばかりのお社であった。

神明を蔑ろにし、約束を破り、巨額の富を得て自分の事業資金にあて、神社再建の約束を果たさなかったことが冥罰を受ける原因であることを明示されたのである。彼にこのことを気付かせるために、家族の中に精神異常者を起こさせ、彼の反省を促したが、霊的感覚のない彼には、反省の色がないので、万止むを得ず、そのような方法によって彼の反省を促しているのであるという意味の啓示であった。もし彼が真に前非を悔い、全財産を投げうって神社の再建をするならば、特別のご神意により、私を通して病気を治癒させることも不可能ではないというご啓示であった。私は謹んでそのご啓示を拝受し、これを他言することなしに、その後にまた訪れた支配人にそれとなく急いで事を運ぶように話しておいた。

しかし、彼等は、私が考える程真剣に早急に事を運ぼうとせず、それから数日後に病院において開腹手術をしたが、胃癌は相当に進行し、さらに胃に穿孔があり、肝臓にも既に転移が認められ、手の施しようがなかったので、病院の医師達は胃の手術をすることなしに、開腹した腹部をそのまま縫合し、数日後に退院させてしまった。

彼はそれから一週間後、六十八歳で不帰の客となったのである。三十余年に亘る私の胸底深く秘めた、暗い心の痛む想い出である。

⑬ 流行神《はやりがみ》信仰の危険

私が日立市内に診療所を開設したのは戦後間もない昭和二十四年六月上旬であるが、それから一年半程して日立市の銀座通りの中央部に診療所を移転し、昭和二十六年一月半ばから診療に従事していた。移転して間もなく、近所の主婦が歯科の診療に見えた。二、三度診療をしたある日、丁度他に患者もなかったので、奥の部屋にその中年の主婦を通し、お茶をすすめた。いわばお客としては初対面であり、患者として来院中はあまり気にも留めなかったが、奥の部屋に通して改めて挨拶を交してみると、その主婦の人相から、些か気になるものがあった。

普通、初対面では話題にしないようなことについて、私から話をきりだした。勿論、その以前においては、その主婦および家族については誰からも耳にしていなかった。

「奥さんのお宅では古峰《こぶ》ヶ原さん（栃木県古峰神社）を以前からお祀りしてはいませんか」と単刀直入に質問をすると

「ええ、うちのご先祖が古峰ヶ原さんに大変なご利益を頂き、命拾いをしたその縁によってご分霊をお祀りしております」

との返事に、私は、

「そのご分霊を些か粗末になさっているように見えますが」

と述べると、

「ええ、私の家には古峰ヶ原さんと、もう一つのご本尊がお祀りしてあるのですが、今は古峰ヶ原さんは、ご本尊の奥の方に安置して普段はお参りをせず、朝晩もう一つの方のご本尊にだけお参りしております」

という返事であった。そこで私は、それは決していい拝礼の仕方ではないので、古峰ヶ原さんの方も大切にされた方がいいですよとアドバイスをしておいたが、その主婦は不意をつかれて些か驚いたらしく、あまり真剣に受けとめた様子もなく、間もなく私の家を辞去していった。

その後、二、三度患者としては来院したが、それから姿を見せず、近所の人々の話では肝臓が悪く、一日おきに市内の内科病院に通院しているとのことであった。

それと前後して、彼女の長女が結核性疾患とバセドー氏病の併発で、親子共々それから四年もの長い間通院し、また、たびたび医師の往診を依頼する始末であった。

彼女が発病してから丁度五年程した十二月の末、彼女の主人が歯科の診療を受けに見えた。その時のついで話に、もう五年もの長い間、奥さんと娘が医者通いをしているので、彼は自営業を営んでいたが、職業柄もあってすっかり困っていると、気丈な彼には似あわず愚痴を零したのである。

あまりにその態度が哀れに感じられたので、

「私は既に五年以上も前に、あなたの奥さんには古峰ヶ原さんのことについては注意を促しておいた筈ですが、奥さんの様子から推測すると、私のアドバイスはあまり意に介していないように思われたので、その後改めてその件について話すこともしませんでしたが、その件について以前から大変気掛かりに思っているのですよ」

と述べると、彼は何か思い当たる所があるらしく、神妙な顔で考え込んでいたが、まもなく私の家から帰っていった。

後で聞いた話であるが、彼はその翌日、十二月二十八日、朝五時半日立駅発の列車で上京し、上野で乗り換えて彼の実家である新潟へ行ってきたそうである。その日は、日立には珍しく十年来の大雪で、しかも年末、ひときわ忙しい時にも関らず、彼は大雪にもめげず馳せ参じたのである。彼は次男で、実兄は新潟のあるお寺の住職であった。

彼は実家に帰ると早速、実兄である住職に会い、

「私の家では古峰ヶ原さんの障《さわ》りがあると聞いたがどうですか？」

と単刀直入に尋ねたそうである。

住職である兄は、

「一体、誰がそんなことを言うのか？」

と反問するので、

「近所のある先生がそう言っているんです」

と述べると、住職は無言のまま彼の顔を暫く見詰めていたが、数分後やっと口を開いて、

「お前さんがそう言うから、本当のことを今改めて話すのだが……」

と前おきして、彼の妻が古峰ヶ原さんに参拝の折、新潟へお土産にと古峰神社の水玉を住職の所に

持参したとのことである。水玉はお寺のお堂の奥に三方に載せて飾っておいたが、彼が新潟を訪れた年の四月の半ば、夜半十二時頃、お堂の奥座敷の方に大きな音がしたので驚いて行ってみると、壇上の三方に載せて飾っておいた水玉が、一メートル半ばかりの下の床におち、粉々に割れているので大変驚いた。勿論その御堂にはネズミもおらず、犬や猫も出入すべくもない部屋で、大変不思議に思い、また不気味にも思われ、原因不明のまま今日に至り、それを日立の弟宅に知らせると皆が心配するであろうと思っていた。

その水玉が割れてから数日後、日立からの手紙で家中のものが病気で困り果てているという文章が書かれていた。それで、それからずっと気掛かりであったとの告白であったそうである。

彼はその話を聞いて今更ながら驚き、因縁解除の供養を住職である実兄に依頼して、やっと大晦日の日に、自宅に帰り新しい正月を迎えることができた。

古峰神社は日光を開山した勝道上人が拓いた神仏習合の修験道の修行の霊地として、長い間、修験者達の修養道場であったところであった。明治時代の神仏分離により神道の神社として今日に至っているお宮であるが、ご祭神は神仙界に属する御魂《みたま》である。民間では、いわゆる霊験灼《あら》たかなお宮として、土木関係や水商売の人達の、現世利益を求める祈願者が多い。だが、いわゆる使い神の位であって人間の霊魂は安易に立ち入ってはならない世界である。

前にも述べたが、江戸時代、上野七軒町に住いし、ちょっとした機縁で、仙道の修行に興味をひかれた寅吉は、国学者の平田篤胤《ひらたあつたね》が生存していた当時、異常な神秘能力を発揮し、いわゆる「仙童寅吉物語」という本を平田篤胤も大変関心を寄せて著している。これは神霊研究の草分けとなった書物であるが、寅吉は筑波の霊界に深い関りをもち、神仙界に魂を奪われて、いろいろ神秘現象を体験して江戸八百八町の人々の関心を集めたが、彼は今でも筑波の霊界において、仙界で白石平馬として生存しているが、仙界の住人として人間界に帰れないのを嘆いているとのことである。

安易な気持で奇蹟を追うことは、万物の霊長としての人間が、厳に慎むべきことであり、改めて人間という位の尊さを熟思黙考すべきであると思う。

⑭　六代前から続いた稲荷《いなり》の祟り

私の古い知人で東京に住んでいるある老人がいる。彼は二十八歳で結婚し、五歳と三歳の女の子を残して妻に先立たれてしまった。彼は子供の幸福を考え、再婚することもなく、幼い子供達を自分の両親に養育を依頼し、彼女達は成人するまで、彼女達の老婆に手厚い養護を受けた。

彼女達の祖父、即ち彼の父親は十三年もの長い間中風のため病床にあり、その父が急死し、野辺の送りを済ませて半年もしないうちに、彼の母即ち彼女達の祖母が再び脳溢血に倒れ、彼はその後八年もの長い歳月、母親の看病をしながら、自分の印刷業を自宅で経営していた。

彼は幼少の頃より人生の困難な事態に遭遇し、前述のように結婚後も家庭的に非常に不幸な生涯を過してきたため、苦しい時の神頼みというような、宗教団体を遍歴し、深刻な心の重荷から解放されようといろいろな教団を彷徨《さまよ》い歩いたが、それも彼が最初に願望したような結果には至らず、事業の面においても不如意なことが多く、経営は決して思わしいものではなかった。

その上に、彼は年来の友人に頼まれて友人の借金の保証人となり、しかも、その友人が事業に失敗して破産する憂き目に遇い、彼は債権者から保証人として責任を問われ、自分の事業に欠くことのできない印刷機械を債務の一部にあて、自分の会社の営業を止めて、よその印刷所に勤めることになった。

彼の娘のうち、長女は高校卒業後、昭和女子医大を卒業、ある国立大学附属病院の医局に数年をすごし、その後私立病院に勤務していた。彼女は既に女性の結婚適齢期を遥かに越えて四十歳をすぎていた。いまだに配偶者もなく、侘しい独身生活をすごしていた。

次女は大変秀才で某私大の仏文科を卒業、母校の研究室に入り、二十八歳の若さで母校の教授に選ばれるという秀才ぶりで、将来を非常に嘱望され、フランス語の辞書の出版を目指して、周囲の賞讃を一身に集めていた女性であった。

だが、三十三歳の五月中旬、急に発病して病院に入院し三日目に、原因不明のまま俄かに帰幽してしまった。

彼の悲嘆は一入《ひとしお》で、一夜にして数年間分老け込んでしまった。七十七歳に手の届く年令になっても、まだよその会社に勤務し、女医である長女は勤務の都合もあり、夜遅く十時頃になることが珍しくなく、彼女が帰宅してから炊事の用意をし、夜中の十二時に近いころ、親子で食事を共にするのが殆ど習慣となっていた。

うち続く人生の不幸を具《つぶさ》に体験した彼は、かつて、私に何のために生きてきたのか、ただ苦労の連続だけでしたと告げたことがあった。人生行路に疲れはてた彼は頬を伝わって流れおちる涙を拭こうともせず、悲嘆にくれながら男泣きに泣くのをみた時、私は本当に気の毒に思い、慰める言葉もなかったことを今でもよく覚えている。

ある時、あまりに彼の不幸な人生に同情し、彼に水を向けたことがある。

「あなたには茨城の県南の方に親類はありませんか？」

と尋ねると、

「私が小学校の時に、祖母から聞いた話ですが、私の先祖は代々が茨城でも県南に住んでいたが、六代前に東京に移ってきたということを聞いています」

との返事であった。

そこで私は彼に、六代前の先祖が笠間稲荷のご分霊を請け、家にお祀りしておいたが、東京に引越す時にそのお宮を放置して東京に移ってしまったことを告げた。そうした因縁によって稲荷達の恨みをかい、その余波が今日まで続き、長い歳月に亘って、いろいろな不幸が断続的に続く原因となっていることを指摘しておいた。先祖は苦しい時の神頼み的に、いわゆる流行神の笠間稲荷のご分霊を受けて、商売繁昌や家庭の幸福を祈願したので、それは不幸な人生の中におる時はそれなりに真剣であったとしても、人間は「喉元過ぎれば熱さを忘れる」の喩えのごとく、安易に流行神の霊力に依存したことが、その後何代かに亘る不幸の原因になっていたことを気付かずにいたのである。そういう世界に祈願をし依頼をすれば、それらの世界の霊魂達は、その依頼に応え数年間は懸命に働き、一代にして財をなさしめる程の仕事を成し遂げるものである。

しかし、彼等は決して人間への奉仕のためにしているのではない。自分達の目的を達成するための手段としてのサービスであって、人間界に対して数年間サービスをした暁《あかつき》には、彼等にとって当然の要求として、彼等が真に望むものを人間界に要求してくるものである。人間は祈願をして、ご分霊を請けて自分の祈願が達成されると、いわゆるお礼参りと称して、細やかな金品をそえて参拝を済ませ、それで全てが片付いたように思い込んでいるが、これは大変な間違いであり決して事はさように簡単に片付かないものである。

しかも、彼等の要求が達成されない間は、執拗に何年でも何十年でも、さらに何百年でも、その子々孫々に対して要求を続けるものである。この世における色々な不幸な出来事は、それらの世界からの要求を気付かせるための手段であり、またその要求が入れられない時の彼等の人間に対する復讐の仕業でもある。

如何に名門であり財産があり、学識があり社会的地位を持っていようとも、霊的白痴の人間には、彼等の要求を察知し、これを満足せしめることは不可能に近い至難の業である。

昔から「君子危きに近よらず」とか。一時の現世利益に目がくらみ心を奪われて、そのような世界に祈願をし、要請することは、万物の霊長としての人間の位と自覚において、厳に戒しめるべきことである。これらの所業は厳然として実在される神々への冒瀆《ぼうとく》であり、知らず識らずのうちに、天意背反の罪を犯すことになるからである。

⑮溶けて流れた腎臓結石──三例

ここで腎臓結石による急性腎臓炎を治した例を二、三述べてみることにしよう。これはもう十二年も前のことである。現在、気仙沼に住んでいるが、以前はいわき市小名浜に勤務していた人物である。

彼の奥さんが神経性の疾患により、東北大学の附属病院に二年以上通っていたが治らず、知人の紹介で私の家を訪ね、二ヵ月もしないうちに元気になったので、そういう機縁で、当時月に二、三度日立の私の家を訪れていた。その当時のある日、夜十時半すぎ私の家を辞去し、自家用車で奥さんを助手台にのせ、自ら運転をして夜半気仙沼の自宅に向ったのである。

ところが午前一時半頃、仙台市内を通過する途中で、急にお腹の激痛を覚え、車を運転することもできなくなり、救急車で仙台市内の病院に運ばれ、診察の結果腎臓結石による急性腎臓炎であることが判明した。すぐに入院して手術をしなければよくならないという医師の薦めであったが、夜半自宅に帰る道すがらであり、彼等は大変困惑したが、背に腹はかえられず、やむなく医師の指示に従い入院し、手術を受けることにしたが、私のところにその事実を報告すべく、午前二時すこし前に私宅に電話があり、事の詳細が分った訳である。

彼は受話器を通して、腹部、背中に激痛があること、医師から手術を薦められているが、深夜帰宅の途中であり、仙台の病院に入院すれば、何かと家庭的にも不便を生じ、困惑していることなどを訴えてきた。

そこで私は日頃の彼等の誠実な言動に報いようと、電話による病気治療を試みた。電話による治療の方法の詳細は割愛するが、超心理学的処置（霊的処置）により、私の体への反応や私の心眼に映った現象の変化より、処置をはじめてから約五分の後に超心理学的処置を終了した。彼の体の変化を電話を通して尋ねると、先程の油汗の出るなんともいえない激痛が嘘のように消え去り、体がいとも軽く、楽になりましたという返事であった。

自覚症状では発熱感も去り、気分もすっきりとしたという返事なので、病院の医師に相談して、痛みも和らいだし、深夜帰宅の途中なので、できれば、気仙沼まで行って、気仙沼の病院に入院し手術を受けたい旨を主治医に相談するよう指示しておいた。

それから十分ほどして再び彼から電話があり、痛みが止まったのであれば、応急手当をし、希望通り気仙沼の病院に入院してもよいでしょうとの医師の承諾を得たとの返事であった。

彼は非常に喜び何度も私にお礼を述べて深夜自宅に戻ったのである。それ以来、彼は腎臓結石のための発作も起こらず、手術のための入院の必要もなくなり、今日も元気に過しているのである。

その後の報告によると、結石も少しずつ砂のような状態になり、尿と一緒に排泄されたようで、その後のレントゲン検査で腎臓結石は認められなくなったと言ってきた。嘘のような本当の話である。

次の例は十年前、ある中年の婦人の話である。私の前からの知人から、午後三時頃自宅に電話があり、彼女の知人で常陸太田市に住んで、日立市内に勤務している婦人が以前より腎臓が悪く、水戸の日赤病院に入院し、腎臓結石のため手術を受けたが、その後の経過がよくなく、顔色も青黒く、もう片方の腎臓のあたりが、いつも鉛を抱えたような重苦しい日が続き、一日として晴々しい気分になった日はないとのことであった。

そこで再びもとの日赤病院で診察を受けたところ、すぐに入院して残った右側の腎臓手術を受けるようにとの医師の指示であったという。そこでその病人から相談を受けた私の前からの知り合いの婦人は、本人が前回の手術でさんざん酷い目に遇い、苦痛を受けたのを覚えていて、私になんとか手術をしないで治る方法はないものだろうかと相談の電話をよこしてきた。

私はその時来客もあり、多忙な時間でもあったし、電話の依頼の仕方が大変安易に過ぎた言動であることを、受話器を通して察知し、私はその婦人をきつく叱っておいた。

「私は病気を治す機械ではない！」

そのような病気であるならば、急いで医師の指示に従って、早速入院して手術を受けるようにと些か怒りを込めて言いおいて受話器をきろうとしたが、彼女は重症患者の処置をお願いするに相応しからぬ安易な態度で病気治療の依頼をした非礼を詫び、改めて私宅を訪ねお詫びをしたいというので、だまって受話器をおいた。

それから二十分ほどして、先程の帰人が腎臓病の婦人を連れて私の家を訪れ、先程の非礼を何度も詫び、許してもらうよう何度も懇願されたのである。そこで私は止むを得ず、その病人のお相手をすることにした。

私は初対面の婦人であるが、顔は青黒く背丈は女性としても低い方であるが、口をきくのも大儀らしい、痛々しい状態であるので、些か同情した私は、病気の治療を引き受けることにした。奥の部屋に通し、私の前に正座をさせ、超心理学的処置（霊的処置）を施すこと約五分、彼女は全身が急に軽くなった思いで、今迄長い間お腹に鉛を抱えていたような重苦しさがなくなり、喜んで謝辞を述べて帰宅した。

それから数回、私宅に通わせ、同じような処置を数分間ずつ施した。最初の日から十日もしないうちに、いままで青黒かった頬には、些かピンクの色が見られるようになり、それから後、彼女は再び病院を訪れることもなく、況や入院や手術することもなく、今日では丸々と太り、赤ら顔の元気そうな笑顔がみられる昨今である。

次に昭和五十七年のことであるが、第三番目の腎臓結石の患者を治した例を述べてみよう。昭和十年生まれで東京に居住している中年の男性であるが、一身上の重大な問題をひっさげ、ある人の紹介で私の新宿、歌舞伎町の診療所を初めて訪れたのは、昭和五十六年十月末であるが、その件についての話は他日にゆずることにして、腎臓結石による苦痛に耐えかね、私の日立の家に電話を掛けてよこしたのは、翌五十七年四月二十五日の夜半、十二時三十分頃であった。

東京赤坂の日本都市センターにおける月一度の私の講座を何度か聴講していた彼は、私が現代医学から見放された重症患者を超心理学的処置により、治癒せしめているのを知っていたので、明朗で磊落《らいらく》、開放的で些かお坊ちゃん育ちの彼は、夜半病院に電話しても快くみてくれる病院も手近になく、また些か好奇心も手伝って、私の能力をテストしてみたいといった安易な気持ちもあり、当然私に病気を治して貰えるような積りで、電話を掛けてよこしたようである。

私はあまり快い気持ちではなかったが、面識以来日も浅いし、また実際に夜半激痛に襲われて困りはてていることも考慮して、電話で霊的処置を施すことにした。処置を施すこと約五分位で、私の心眼には変化が起ったことが察知された。「どうですか」と電話で問いかけると、

「全身汗をびっしょりかき、痛みがなくなりました」と言う。そこで明日昼間また電話をよこすように指示して受話器をおいた。

翌日、午前十時頃、前回と同じような処置を電話で施し、午後八時頃、もう一度電話をよこすように指示して置いた。その時刻にまた彼から電話があり、同様な処置を施し、痛みはすっかりよくなり、鉛を抱えているような重苦しさもなくなったという返事であった。

翌日は月曜日であったが、朝七時半に彼から電話があり、何処からの電話かと聞くと、会社に出勤する途中での、車の中からの電話だという返事であった。

車の運転をしながら、私に超心理学的処置をしてもらおうという魂胆である。私は彼の大変不謹慎な態度に、些か不快感を覚えたが、「痛みがなくなり、気分もよく、会社へ出勤しようとするのもいいが、せめて一度、専門医の診察を受け、腎臓のレントゲン写真でも撮ってもらってはどうか」とアドバイスをしたところ、それでは会社の帰りに、掛かり付けの医師のもとに行って診察してもらい、レントゲンを撮ってもらいますという返事であった。

翌日、朝十時頃電話があり、レントゲン撮影の結果、やはり腎臓結石があることが判明し、病院から薬をもらってきましたという。

「先生、薬など飲まなくてもいいですよね」

という安易な言葉であったが、折角医師の診察を受け、薬を頂いてきたのだから、医師の指示に従って、飲んでおくようにと助言をしておいた。

ところで、その年の四月一日から、羽田から八丈島へジェット機が飛ぶようになり、それ以前のYS機では天候の都合で欠航になったり、あるいは八丈島に行っても帰るに帰れなくなるというような不便さもあるので、現地へ行かねばならぬ用事を控えながら、つい歳月が過ぎていた。

たまたま、彼は四月一日の全日空機の開通の日に招待されて、ジェット機で八丈島へ行ってきた話をしたので、かねて私が八丈島へ行かねばならぬ用事のあることを彼に話したところ、是非私がご案内しますからということで、四月二十八日夕刻、羽田発の全日空機で八丈島へ同行することに約束ができており、彼は既に航空券を用意し、当日出発の予定でいた。

ところが上述のように二十五日夜半、正確に言えば、二十六日午前零時三十分頃、急に腎臓結石による激痛に襲われたが、私の超心理学的処置により、入院や通院の必要もなく、無事恢復できて、彼は喜び安心していた。しかし、私は大事をとって無理をせず、八丈島へ行く件は、もっと健康が恢復してから後に延ばしてもよいからと言ったが、彼は笑って私の言葉を受けいれず、

「先生とご一緒でしたら心配ありません」

と、気分も爽快であるままに、予定通り、四月二十八日午後四時二十分発の全日空機で羽田を発っ

た。

彼は実業家で、八丈島にも処点をもっていたので、予め現地に連絡をしておいた。約一時間の飛行後、彼の関係する者が車で八丈島の飛行場に迎えにきていた。彼はその車にのり、自ら運転席にすわり、私共の同伴者も一緒に乗せて、まだ日の落ちて間のない夕暮れどきに、八丈島の海岸地帯を案内してくれ、六時すぎに宿泊予定のホテルに到着した。

その晩は、彼が予め用意させておいた山海の珍味で夕食をご馳走になり、夜十時すぎに寝床についた。

翌朝、食事をとった後、前日の車に同乗し、彼が自ら運転して八丈富士といわれる山の中腹まで登り、中腹を一周するデコボコの周遊道を運転し、体への振動も健康なものにとっても相当に感じられる悪路であったが、彼は終日、車で案内してくれ、用事の目的を果たし、夕刻八丈島を発って再び一時間程で羽田空港に戻ってきた。この日は相当の強行軍であったが、彼の健康には些かの支障もなく、その後も元気に日々を送ったのである。

それから四ヵ月程してのこと、今度は反対側の右側の腎臓に異常があるということで医師の診察を受け、やはり腎臓結石による疼痛であることが判明した。

そこで医師の薦めに従って九月六日入院し、治療を受けていたが、九月十三日に至り、病気の経過が悪く、排尿も異常に少なくなり、患部の激痛をともない、医師の検査の結果、尿毒症になる恐れがあるので、急いで手術をしなければならないという診断であった。その時、日立の私の家へ病状の悪化を知らせる電話をしたそうであるが、私は生憎《あいにく》急用で外出して留守であった。

翌十四日、私が外出先から自宅に戻ってまもなく電話があり、前述のような症状で尿毒症になる恐れがあるので早目に手術をした方がよいと医師に言われたことを告げた。私は早速、電話による超心理学的処置を約七分程施し、患者の体に変化が起こったことを感じたので自覚症状を聞いたところ、痛みもなくなり、気分もすっきりしたということで、後は病院の医師の指示に従って医療を受けるように言って受話器をおいた。

病院では前述の症状から急いで腎臓の手術をするため、翌朝検査をしたところ、前日とはうって変って排尿もあり熱も下り、患部の痛みもなく、また尿毒症の危険もないとのことで、手術は取り止めになり、数日後に退院した。

その次に彼が腎臓炎発作のため苦痛を電話で訴えてきたのは、昭和五十八年四月六日のことであった。彼は夜半十二時半頃、日立の私の自宅へ電話をよこし、前回と同じ苦痛を訴えてきた。

いま自宅からの電話かと尋ねると、いま出先からの電話だと言って、出先の場所を明らかにしない。そこで問いつめると、実はいま伊豆の方にいるのだと言って、最後に川奈ホテルに宿泊中であることを述べた。そして、しきりに苦痛を訴えるだけで、謙虚に病気治療依頼の挨拶はなかった。前に二回とも電話でいとも安易に病気が治っていたことに馴れて、苦痛を訴えれば、また当然電話で治して貰えるような安直な態度が感じられたので、私は内心大変不快を感じ、受話器を耳にあてたまま数分間無言でいた。

その間、そのことに気付き、謙虚に依頼の言葉があることを期待しての無言であったが、彼からは何の言葉も聞かれなかった。暫くして痺れを切らした彼から、もしもしという電話なので、そのニュアンスが、どうも早く電話で治してくれればいいじゃないかというように受けとれたので、「私は病気を治す機械ではない！」と叱りつけた。

前に、二回とも大変安易に、薬ものまず、注射もせず、短時間で治したことにより、本人は私に甘えた積りの依頼であったであろうが、それは甘えと称する馴れである。何処かに傲慢さがあり、隠された背後の心には歪められた権利の意識があり、自分の意に添わなければいつでも敵意を表明し、敵対行為をとれる心が潜んでいる。

前の二回も安易に治して貰えたのだから、三回目も当然治して貰えるという倒錯した権利の意識である。しかも、自分は遊興をかねて、伊豆のホテルに泊っており、その後ろめたさを隠すために、居所を素直に言わず、ただ自分の苦痛を取り除いて欲しいという傲慢な気持だけが先程来の電話にありありと感じられた。

そういう傲慢な態度に対し、私は病気を治す機械ではないと、あえて言ったのである。彼は決して十分に私の言った意味が理解できた訳ではないが、一応の、今迄の不遜な態度に対する反省と、お詫びの言葉があったので、本人も痛みに耐えかねて困っているであろうと思い、止むを得ず、電話で超心理学的処置を施した。そして、最後に翌日の朝また電話をよこすように言っておいた。

しかし、翌日彼からの電話はかからなかった。それから一週間、何の連絡もないので私は大変不快な気持ちで数日を過したが、念のために彼の自宅に電話をかけると、彼の妻が電話口にでて、過日私の自宅に電話をよこした翌日、彼は港区の虎ノ門病院に入院したという返事であった。

入院中、彼からは何の連絡もなく、彼の妻の話によれば、非常に激痛があり、血尿も出て、今度こそどうしても腎臓手術をしなければならないと宣告されているとのことであった。

彼に本当の誠意があれば入院中でも電話連絡ぐらいはでき、過日のお礼やその経過報告ぐらいはあってしかるべきと思っていたが、何の連絡もないので、私は内心憤慨していた。しかし、いったん私も手をかけた以上、乗りかけた舟である。舟を降りるまで付き合わねばならぬという気持ちもあって、彼からの連絡のないまま、自らの意志によって遠隔治療を施した。

病院では検査の結果、四月十八日に手術をする予定であった。しかし彼から新宿歌舞伎町の私の診療所へ連絡があったのは、予定日の四月十八日正午過ぎで、只今無事退院して参りましたという挨拶であった。病院で手術の予定をしてから、急速に症状が恢復し、奇しくも手術予定日に、手術することもなく、無事退院できたのである。病院でもその因果関係がはっきり分らずに戸惑っている状態であった。その後何回かに分散して腎臓の結石は砂状になり、排尿の自覚があったことを本人から私に報告をして来ている。勿論、その後のレントゲン写真によって、結石による陰影が消えていたことは当然である。それ以来彼の青黒かった顔色も大変溌剌とした顔に生れ変わったのである。

⑯ ピリン系特異体質の薬物中毒を癒す

昭和四十四年七月二十九日夜、私宅に三十人程の人々が集まって会合をしている最中、午後十時頃、私の知人から電話が入った。電話の用件は彼の妻が年来の偏頭痛の持病があり、彼の妻から薬局で鎮痛剤の調剤をして買い求めて帰るよう依頼されたので、早速買い求め、その鎮痛剤を飲んだところ、全身に蕁麻疹《じんましん》が出来、手足や全身の節々が激痛に耐えられぬ程の苦しみで、夜半で申し訳ないが、往診して下さる内科の先生を紹介して欲しいということであった。早速私は知り合いの内科の先生に電話をして、事情を話したところ、車で迎えに来てくれるならば往診してあげようというので、治療はその内科の先生にお願いすることにした。

彼の妻は、ピリン系の特異体質で、それより三年程前、薬局からピリン系の鎮痛剤を買って飲んだところ、やはり全身に蕁麻疹が現れ、酷く苦しい思いをし、病院に通い医師の治療を受けたが、全快までに三ヵ月以上もかかり、さんざん苦しい経験をしたとのことである。

今度、彼の妻が偏頭痛を訴えた時に、彼はすっかりそれを忘れ、ピリン系の特異体質のことを薬剤師の先生に話をしなかったために、同じピリン系の鎮痛剤を調合してもらい、それを飲んでしまったための酷い蕁麻疹であるという。

さて、その夜は上述のように大勢の人達が私宅で会合をしていたので、席を外すこともできず、午前二時頃就寝し、翌日は一日診療に従事、八時頃夕食を済ませ、気掛かりであった前夜の彼の妻の蕁麻疹の見舞いをかねて、自家用車で自ら運転し、十分程で日立市内の彼の家を訪れた。

玄関に立つと、直ぐ患者である彼の妻の休んでいる部屋に通されたが、部屋はうす暗く、辛うじて豆ランプがついているだけで、私が不思議に思って暗くしている事情を尋ねると、二人の娘が母親のそばに付き添っていたが、その娘達は異口同音に、「お母さんが全身に蕁麻疹ができて体中痛がり、目も腫れふさがり、電灯をつけると眩しくて目が開けられないので、こうして電灯を消しているのです」と言う。昨夜、内科の先生に往診して頂き、蕁麻疹を癒すための注射をして頂き、飲み薬も服用していますが、全然腫れも引かず、頭は割れるように痛むし、全身の節々も痛んで、こうして私達娘二人が母の背中や腰や手足などをさすって、少しでも痛みを和らげたいと思い、殆ど一睡もしないで徹夜したのですが、一向に痛みも去らず、痛みのために落着いて床について仰向けの姿勢で寝ることもできず、たえず体を動かして睡眠もとれない状態で、食欲もなく、流動食さえとれない状態で、僅かに渇きを癒すためにストローでジュースを飲む程度だという説明に、私は驚いてまずその痛みを除去してあげねばと思い、詳しい説明もしないで、早速私は患者の傍らに坐り、患者を寝かしたままで超心理学的処置（霊的処置）を施した。

処置を施すこと約五分位で、患者はいびきをかいて深い睡眠に入った。それから十五分程して眠りからさめた彼女は、痛みがすっかり取れたことに驚き、体が軽くなったと喜んで寝床の上に体を起こして坐り、改めてお礼を述べた。

その時初めて電灯をつけたが、患者は少しも眩しさを感じないと言い、また彼女の娘達は期せずして、さっきまで腫れふさがっていた瞼が、よく開けるようになったと驚きの声をあげていた。それからすっかり元気になった病人を交え、主人と娘二人同席の中で、茶菓の接待を受けながら、いろいろな奇蹟的な体験の事実を話したりして、午前三時すぎに彼の家を辞去した。

帰り際に、霊的処置の反応としていろいろな不思議な現象が起こり、それは常識的に見るとマイナスの現象であるから、十分に気をつけるよう注意しておいた。例えば、盗難、火災、交通事故などの不慮の事態が起こる可能性が多いから、戸締りや火の元、車の運転に十分注意をするよう促して、四時少し前に帰宅した。

帰宅の途中で、私の体に異様な反応があり、皮膚に異常がきたような掻痒感《そうようかん》もあったので、下着をぬいでみると、全身に蕁麻疹がでているのに気づき驚いたが、これはいわゆる身代りの症状であって、私自身の病気に原因するものではないことを、いままでの経験上知っているので、私は早速浴室にいき、禊をして床についた。

朝八時頃起床してみると、蕁麻疹は八十％以上消失し、掻痒感も殆どなくなっていた。残りの蕁麻疹も正午頃には殆ど消えてしまった。翌朝再び患者の家を訪ねてみると、彼女は寝床から起き出して元気そうな笑顔で私を玄関に迎えてくれた。蕁麻疹も殆ど消滅し、偏頭痛や関節の痛みも消えてしまったと大変喜び、三年前の三ヵ月以上に亘る苦しい体験を思い出すように、繰り返し私に話してくれた。

ところが、そこへ主人がやってきて、実は不思議なことがあるという。この家を建築し、事業を始める時に、庭先に記念に池を掘り、小さな鯉を二匹かっていたが、それから五年近くなるので、四十センチ以上の大きさになり見事な鱗を見せていたが、その鯉が昨夜二匹とも池から外に飛び上がって、地面に横たわって死んでいるのを見付けたという。

処置を施した当日、私がいろいろな現象が起こることを予告しておいたので、これがその現象の一つではないかと思い、見事な鯉なので実は自分が料理をして食事に供しようとしたが、些か不安を感じたので、妻の実家の両親に届けようと思ったが、それも不安で取り止め、一匹は庭先の土を掘って鯉を埋め、塚を造って供養し、一匹は勿体ないので親しい知人に届けてやった。彼等はいろいろな不思議な現象に驚き、治癒帰転の速さにも驚嘆し感激して、何遍も夫婦そろってお礼の言葉を述べていた。しかし、彼等の理解できない現象で、ただ不思議だの連発であった。

これには後日談がある。それから一週間程して、彼は私宅を訪ね、改めて謝意を述べたが、その時大変不思議なことが起こったという。事情を聞いてみると、過日死んだ鯉を届けてあげた家では、家族は両親と子供三人の構成であるが、一人は外泊して留守であったとのこと、その家では珍しい鯉が届いたので早速料理をして家族四人で頂いたが、四人ともいろいろな不吉な体験をして、不安に怯えていたという話である。

父親はその鯉を食べた翌日から年来の神経痛の発作が再発し、母親は急に肝臓の痛みで入院し、長男は喘息《ぜんそく》の発作がはじまり、次男は交通事故を起こしてしまったということであった。

また、蕁麻疹を起こした患者である彼の妻は、現世利益を求めて世俗的な神社仏閣に詣でては、お札やお守りをそれぞれの社や寺から頂いて、沢山神棚に供えていた。それが彼女流の信仰深い女性であるという自負心に繋がっていた。

こういう不思議な蕁麻疹の治癒帰転を通して、年来のいろいろな不幸な出来事と合わせ考え、不幸のあるごとに、全国の神社仏閣を訪ねてはいろいろなお札やお守りをいただいておりますが、これはどうしたらいいのでしょうかという質問があった。私は本来ご神札やお寺のお守りは生きものであって、単なる物体ではない。そのご神札やお守りの背後には、生きた霊的力が働くものであるということを説明し、そのようなお札やお守りをいただいて、無雑作に神棚に供えて置くことは決して本来好ましい方法ではないことを説明したが、さりとて、それをいきなり勝手に自己流にお札を焼却したり処分したりすると、かえって不吉な現象が起こってくるので、適当な時期にしかるべき方法をもって処置しなければならない。今は慌てて勝手な処分をしないようにと注意を与えておいた。

しかし、何事にも自信家であり、行動派で軽率な振舞いが多い彼女の夫は、蕁麻疹ができてから十日程後に、そのお札やお守りを纏めて、あるお社の焼却場に置いてきたという。ところがその帰り道、その数分後に彼の運転する乗用車は、後の座席に娘達二人を乗せて、相当のスピードをだして運転していたが、あっと気がつくと、すぐ目の前に停車中の乗用車を発見、もうダメだと観念して無意識のうちに夢中でブレーキを踏んだ。やっと停止して、彼は急いでドアを開けて車の前部を点検したところ、当然衝突していると思ったが、まさに一ミリ位の間隙で接触を免れ、文字通り、間一髪のところで事故から免れることが出来たという。

彼はその時、私がお札の処置について注意を与えていたことが頭をよぎり、勝手に処置したことに後悔の念を抱いた。やっと胸をなで下し、安心して再び車を運転して六号国道との交叉点にさしかかった時、六号国道を走っていたオートバイが、トラックと正面衝突し、オートバイのドライバーは二十メートルも遠くに跳ね飛ばされて、殆ど即死の状態であったという。血塗れになって死んでいるドライバーの姿を見た彼女達はすっかり怯えきってしまい、彼女達はそれから二度と父親の運転する車には同乗しないと言っていたという。

神仏を弄ぶような、安易な現世利益を求めた信仰は、大いに反省してみなければならない問題を抱えているのである。

⑰ 神命により止めた実業家の失明治療

これは昭和四十五年九月二日、私の古い知人が私の家を訪ね、自分が非常に親しく、また恩義のある人物から依頼を受けてきたので、是非よろしくお願いしたいとのことであった。

私宅を訪問した人物は、以前彼の妻が特異体質で非常に治りにくい強度の蕁麻疹で長年苦しんだ病気が、私の超心理学的処置により一両日のうちに完全に治癒してしまったということがあって、（前項⑯に掲載）そのことを彼の知人に話したところ、年来の不治の病いといわれた病気治療を是非お願いしたいといわれ、その伝言を携えて訪ねてきたのであった。

知人に依頼してきたその人とは、某市内に居住し、市内有数の大きなビルをもち、デパートを経営している人物であった。彼は当時四十六歳であったが、生まれてから五歳までは普通の健康な子どもとして成長していったが、五歳の時から両眼がだんだん見えなくなってゆき、そして十八歳の時には両眼とも失明してしまった。

これは先天性梅毒による失明である。視力が衰えはじめてから失明に至るまでの、十数年の間、いろいろな病院、専門医を訪ねて治療を受けたし、勿論、病気に効果があるといわれる民間のいろいろな療法も試みたが、その甲斐なく、十八歳で完全に失明してしまったのである。

さらに、失明してから既に三十年近い年月の間、財力にものをいわせて、湯水のようにお金を使いながら、いろいろな療法を試みたが、全く効果がなかったという。昭和四十四年九月四日、私は彼の知人の案内で、車に同乗し夜の九時頃彼の家に到着し、必要な予備知識を与え、夜半十二時頃超心理学的処置を施したが、たまたまその席に同座していた彼の妻の話によると、彼等の長男が小学校四年生の時から中学、高校まで心臓弁膜症で、体育の時間はずっと見学をしていたということで、依頼により、続いてこの長男にも超心理学的処置を施しておいた。その長男はそれ以来、全く弁膜症から解放され、その翌年の正月にはスキーを楽しむことができるほどの健康体になったのである。

小学校四年より十年間にわたって学校の体育の時間も見学をせざるを得ないようなひ弱な子が、文字通りただ一度の超心理学的処置によって、スキーを楽しめる程の健康を恢復し得たのは稀有なる事実といってよいであろう。

一方、彼の方は時折日立の私宅を訪れたり、電話による超心理学的処置によって、少しずつチラチラと眼前に光を感ずるようになったと述べていたが、その間いろいろな家庭内の問題についての頼み事もあり、そのために費した私の時間と霊的エネルギーは厖大なものであった。しかし、彼は県下有数の実業家として知られている人物であったため、社会的な知名度や財力の上に安座して、言葉巧みに世渡りをし、人をその利用価値においてだけ交際するような商人気質が身に付いていて、これには私も些か閉口していた。

私がはじめて彼等の霊的処置を施した翌年の正月三日の夜、家族五人が揃ってお正月の挨拶に見えた。親子五人がうち揃ってみえたのは結構であるが、新年の改まった挨拶としては、私には余り心に沁み入るような真心は感じられなかった。しかもその帰る間際になって、長女の○子もいよいよ適齢期で縁談話が出て来ているのですが、去年の七月頃から右手首のところにコブができており、これが縁談の妨げになるのではないかと思って大変心配しているのですが、何とかお願いできないでしょうかという母親の依頼で、断る訳にもいかず、その娘にも霊的処置を施しておいた。彼等は夜十二時すぎに打ちそろって私の家を辞去した。

それから数日すぎた一月八日の朝、その娘さんから私宅に電話が入り、今朝起きて見ると、昨夜まではあったのですが、例のコブがきれいになくなって、平らになっているので本当にびっくりしてしまいました、と喜びに弾んだ声でお礼を言ってきた。

さて、例の失明した眼を癒すという件であるが、先天性梅毒によって失明してから三十年近い歳月が経ち、この間いろいろの著名な医師の治療をうけて何の効果もみられなかった眼を、薬も用いず、注射もせずに、視力を取り戻そうということは、とても常識では考えられず、そのような方法で病気が治るならば、医者も薬もいらないというのが世の常識であろう。

しかし、この広い天地の中には人の世の理性や常識などでは到底解明できない、神秘な事実が厳として存在することも確かな事実である。人間の知識が如何に広くなり、科学が進歩し、機械文明がいか程発達したとしても、人間が既に知っているものよりも、いまだ知らないものの方が遥かに多いという原則には変りはない。如何に人智が啓けたとはいえ、人間は本来、本能、衝動から常識、理性へと精神的水準が高められ、人間が理性の精神的水準を獲得するに至ってはじめて人智が啓け、文化が開拓され、絢爛《けんらん》たる文明が展開されるようになったのである。しかし、人間の精神的水準は決して理性を以て究極とするものではない。我われは自らの確かな体験、古今東西に亘る偉大な人物達の文献的事実に鑑み、人間には理性以上の高い精神的水準があることを確信するものである。

神は存在するかという千古の命題は長い歴史の中でいろいろな議論を沸騰させて、肯定、否定の議論が繰り返されてきた。人間の精神的水準が常識、理性に留まるかぎり、神は存在しないことになるかも知れない。

だが、神の存在は理性の理念を一つ超えたいわゆる叡智の世界において、初めてその実在の片鱗が垣間見られるものである。

私は幼少の頃よりいろいろ神秘な体験を通し、さらに血の滲むような修錬を通して、理性以上の世界の実在を体験し得る恩典に浴した一人である。前述の患者の場合も私の天与の能力によって、失明を癒すことに救いの手を貸すことを約束し、努力を続けたのであった。こういうことを言っても、大部分の人達には分ってもらえないことであろうが、その内実は、この失明も百日の間において光を取り戻すという神界との密約があったのである。しかし、遺憾ながら天を弄ぶ所業があまりにも多く、その理由をもって、私は天界より目の癒しを中止するよう指示されたのである。したがって、折角、目前にチラチラと光を感ずるまでになっていたにも関らず、ついに完全に光を取り戻すことはできなかった。これは当人の不幸だけでなく、私にとっても大変残念なことであった。

私が常に自戒している心のありようは、「神を弄ぶ者になるな」という三十数年前の天界の啓示であり、「苦しい時に苦しいことを人に告ぐるな、神は視ておる」という厳粛な啓示を忘れることができないのである。その後私は二、三の知人に彼がその所業ゆえに大変危険な状態に遇うことを秘かに予告していた。

私が最初彼の家を訪れ、深夜はじめて超心理学的処置を施した時に、これらの病気のいわゆる罪障因縁について暗示的に示唆しておいたが、具体的な内容については殆ど何も知らせず、ただ、原因の無い結果はないのだということを述べておくに留めたのであるが、事実は、彼等の祖先が安易な流行神の信仰に溺れ、天意を弄び、罪障を積み重ねてきたことは明白であり、私はその背後の諸々の霊達を呼びつけ、背後からのいろいろな障害となるような種を播いたことの告白を聞いていたのである。

私は最初の超心理学的処置により、霊的な掃除をしておいたので、いろいろな現象が現われることを予告しておいたが、それから約三週間して彼の妻から聞いた話によると、それまで彼の事業の経営のために努力した最高幹部クラスの間で、人事の問題で異常な葛藤があり、約一年近くも紛糾が続いていたが、私が霊的処置を施してから一週間後、急転直下、円満に人事の問題が解決してしまったという報告を受けたのである。

さらに、そこの従業員の中に、数人の万引団がおり、約三年間に亘って店の品物を万引し続けてきたのであったが、霊的処置の約一週間後にその事実が露見したのであった。会長夫人の彼女は、その従業員を自宅に呼び諄々《じゅんじゅん》とその非をいさめ、証拠の一品を自発的に本人が持参するよう求め、その女子従業員はいわれるままに、高価な丸帯の一つを持参したという。常識的に言えばそのような非行を積み、警察に突き出されても何の苦情もいえない立場にあり、刑事事件として処理されるべき問題であったが、彼女は私からいろいろと罪障とか因縁、因果応報といった問題について話を聞いていたため、彼等を解雇することも、また警察に届け出ることも、また他の従業員に知らせることもなしに、彼等を改心させ、今迄通り何事もなかったように従業員としてお店に勤務させたということである。もし先生のお話を伺ってなければ、間違ってもこのような行動は出来なかったと思うと、涙を流しながらお礼を述べて報告したのであった。

ところで何故、彼の妻は満十八歳から完全に失明した盲目の彼と結婚したのであろうか。社会的地位の故か、財産に目が眩んでのことかと、いろいろ好奇心を持つのが世の人の常と思われるが、これには重大な意味があり、結婚の相手が盲目の人でなければならない必然的理由があったのである。プライバシーに属する事であるが故に、勿論彼女からは全然何も聞いていないが、彼女にはある肉体的欠陥があって、目明きの人ではその欠陥を見られてしまうので、健康な視力の人とは結婚できず、結果自然に盲目の人を選んだのであって、学識や財力に目をつけたのではない。これにも重大な因縁があるが、ここでは割愛しておくことにしたい。

私はこれらの些々たる一症例によって結論を述べるものではないが、私達にはその人なりの霊魂の歴史があり、人間には前世ありと断ずるものである。

話が横道にそれたが、私の二、三の知人に彼の危険な運命を予告してから丁度半年後、十二月三十日、彼が経営する八階建のビルの一階から出火し、延々十時間余に亘って燃え続け、建物商品を合わせて数十億円の損害を招き、従業員の一人は無残にも火災のために焼死してしまうという惨事が起きたのであった。

ちなみにその焼け落ちたビルの屋上には赤い建物の◯◯稲荷のご分社が祀られていた。これもまた安易な流行神信仰の悲劇であったのである。

第二章　伝統的な日本の心

1　古事記は神道の原典

古事記は七一二年に編纂され、日本書紀、古語拾遺、風土記、万葉集などと共に、我われ日本人にとって極めて大切な文化的遺産であるが、約一千年間に亘って伏せられた古典であった。

本居宣長が古事記伝を著してから、漸く国民に読まれる本になったことは周知の通りである。我われはここに謙虚に、古事記を誦み習わされた天武天皇、誦み習った稗田阿礼《ひえだのあれ》、これを選述させられた元明《げんめい》天皇、またこれを選述した太安萬侶《おおのやすまろ》らの功績を思わない訳にはいかない。

古事記は、宣長前後の多くの学者が研究を重ねて来ているが、どの学者も古事記そのものの本質を知っていない憾みがある。

古事記の本質とは一体何であるかと言えば、それは、日本の古代史を装った神界記であり、同時に、今日及び今日以後の世界に対する大予言書であるということである。だから、神界の実状に暗いこれまでの学者には、古事記は伏せられた書物であった訳で、また地球上における日本の神霊的位置を理解できない人々には、古事記も日本書紀も、単なる神話の書に過ぎなかった。

近年、古い東洋思想が欧米においても新しく見直され、熱心に研究されつつあることは、世界の平和と人類の福祉にとって、極めて意義深いことである。

近代における個人の概念は、神の絶対的な支配から人間を解放して、全面的に自由にさせようとした西洋思想に由来しているが、その結果、近代の人間観は宗教的信仰を、科学的理性によって置き換えようとして提唱されたものである。

戦後の日本の進歩的と考えられた人々は、今日西洋の人々が脱ぎ捨てようとするものを拾い、逆に、西洋の進歩的思想の人々は、日本人が脱ぎ捨てたものを大切に拾い上げようとしている。新しい世界的綜合文化は、この最も古い母胎から生まれ出ることを、欧米の識者達は感じはじめているのである。この母胎は最も生命的で、実質的で、かつ進歩的であり、人間の自己破壊的衝動を救い、枯渇した生命を甦らせるものを秘めているのである。

戦後、日本の政治家や教育者は、この点に対する認識を誤まり、日本に古来培われてきた日本の良いものも、軍国主義の名のもとに、惜しげもなく棄て去り、いたずらに、欧米流の政治や教育の方法を猿真似的に模倣することに窮々としてきた。そして、普遍的な生命の原理を無視し、真の人間性の究明と、実生活への適用を怠り、人間の奥深い心の平安と、生命の限りない歓びを与える政治的施策や、宗教的教育を施すことを忘れてきた。

そのために、人間の社会生活に最も重要な謙虚さ、敬虔さ、感謝の念に乏しい人間を創り上げ、日本の伝統的、歴史的遺産を軽蔑するような風潮を生んだのである。真の日本人の育成を忘れた為政者、学者、教育者の責任は重大といわねばならない。

さて、地球が太陽より分離して以来数十億年を経ているが、今もなおその中心には、太陽の分身たる火を宿し、炎々と燃え続けている。この火が地熱となって内部から万物を温め、化育し、また空に輝く太陽は、その無限の熱を放って外部から万物に生命を与え、万物を育んでいる。

また、人間は光より生まれ、光の子であり、宇宙の頭脳であって、万物に意義を与え、その秩序と法則を重んずる、万物の霊長であることに何人も異論を差し挟まないであろう。実に太陽はアルファであり、人間はオメガである。

こうして、真理の根源である太陽を崇拝し、万物の霊長たる人間を敬愛することは、自然の理法にかなった思想であるが、我が国古来の伝統的民族思想は太陽を中心とした自然崇拝にあり、イギリスの世界的に有名な歴史学者アーノルド・トインビー博士は、日本古来の民族思想をよんで、「非人格的自然を通しての実在崇拝である」と言って讃嘆しているが、さすがである。

従来、とかく迷信のごとく考えられていた太陽崇拝や自然崇拝は、現代科学から見ても深い根拠があり、我が国古来の民族思想に新しい近代的意義を発見するのである。太陽は宇宙の根本であり、発して万物となり、万物を化育し、生々発展する創造力であって、もし、この世の中に崇拝するものがあるとすれば、太陽と、太陽によって象徴されている生命の創造力の外にはない。また、人間が万物の霊長であり、被造物の最高であるとすれば、人間敬愛ほど自然なものもない。

光の子である人間が光を求め、光を崇めることは当然のことである。古来、全ての民族が光を求め、太陽を拝んだのは、我われのように進化論や、生物学の研究の結果ではなく、本能的、直観的、潜在意識的であった。これを深遠な哲学的背景を持った宗教や、理路整然たる神学などと比較してみると、一見幼稚な感じがする。しかし、ジャン・エルベール博士は次のように言っている。

「神道の聖典の中で示される天地開闢観は、従来の学者が指摘してきたような、詩人の空想の産物でもなければ、未開人の知的な虚構でもなく、それは他の諸々の宗教の由緒ある聖典に見出せるように、それは偉大な聖賢が、自然の法則に深く触れて会得してきた所の真実を、忠実に書き記したものである。一見して、それが不合理に、幼稚に思うのは、それらの多くは自身の宗教的体験の不足か、西洋的優越感から、それの示す真理の実相を理解することが出来ないからである」と。

エルベール博士は日本神道の研究の世界的権威者で、「神道―日本の源泉」の著者としても有名であり、この本は最初フランス語で出版されたが、その後英語、ドイツ語、日本語、スペイン語などに翻訳されて、神道の世界的な紹介に大きな貢献を果した本である。このエルベール博士の言葉にいい尽くされているように、伝統的日本の民族精神は、多くの人々が考えているようなものではなく、極めて大きな意味を持っている。

我われの遠い祖先は日輪の荘厳さに打たれ、特に日の出や日没の美観に魅せられてきた。人間は光の子であり、太陽の子である。これを心理学的に見れば、人間性の根本が知識ではなくて情熱であり、感情であるということであり、そして、この情熱豊かな、愛の至誠に燃えた人間味の中にこそ、日本人の真の姿がある。

我が国固有の民族精神は、神と自然と人間が調和して、自然と人間が笑《えら》ぎ楽しむものであり、それは、野蛮未開の人間ではなく、人類の文化の母胎としての自然人である。我が国古来の民族精神は、自然の大法のままに、平凡な生活の中で諸々の神秘を具現し、天神地祇《てんしんちぎ》と共に語り、山川草木と共に笑い、最も高い思想を最も平凡に生きることであった。

そして、この平凡な生活の中に、人間に予約された叡智を自然に発芽させて天地の玄門に至り、真理の奥堂に至る道があり、政治も教育も芸術も、その本来の使命はこの叡智の開発にある。これが日本の生命の道であり、万人が求めて止まない真理への大道であると思う。

人間は本能、衝動から常識、理性へとその精神的水準が上昇し、理性の知的水準に至って、漸く学問が起こり、文化が生じ、現在のような科学技術が飛躍的に進歩向上して、今日のような絢爛たる文化的生活を営むことが出来るようになった。

しかし、人間の精神的水準は決して理性の水準に止まるものではなく、理性の上に更に叡智の世界があり、叡智の世界の上には霊智の世界があり、更にその上に神智の世界があるというように、人間の精神的構造は幾重にも層をなし、無限次元に亘っていることを、我われはその体験から確信するのである。

いわゆる叡智の世界は古来の聖賢がひたすらに打ち望んだ世界であるが、古来の聖賢もそれを我が物とした人物は極めて少なく、その叡智的体験もその人に対する天来の福音として、僅かにその片鱗を垣間見るに過ぎなかったのである。この叡智は理性よりももっと奥深く、霊妙な心の働きであって、霊性とも呼ばれている。

今日、霊能とか超能力とか超常現象とかいう言葉が持て囃《はや》され、各方面から注目されているが、霊性と霊能、あるいは超能力は似て非なるもので、霊性は少なくとも人間以上の精神的水準の世界との交流を可能にするが、いわゆる霊能とか超能力は、理性以上のものとはいえない。したがって、理性以前の水準の世界との交流はできても、それ以上の世界との交流はむずかしい。目に見えない世界には多くの次元の世界があり、高い霊的存在が直接人間と交流することは滅多になく、積極的に人間に接近し、超常現象を起こし、人々達を驚かせるような霊的存在は、多くの場合高級な霊魂ではないことを理解しておかなければならない。

霊性は素朴、常識的な意味での不思議な現象とは必ずしも結び付かない。多くのいわゆる心霊現象や神通力とも違う。それは、理性の極を内面から破るところから開発されるもので、その霊性にも多くの階層があり、無限の次元の差があることを知らなければならない。

俗に、神憑《かみがか》りといい、霊能というが、その大半は単なる心理上の異常現象に過ぎない。たとえ理性以前の精神的水準にある者に、客観的な心霊現象が起こったとしても、波長相応の原理から、いわゆる幽界以上の霊魂からの発信によるものではない。多くの人々がある霊能者や教団に集まるという場合も、現世における罪障消滅の行をしている場合が多い。人類普遍の問題とか、新しい次元の文化的問題などが、これらの場合全く関心の外にあることが、人間以上の高い世界からの波長を受けていない何よりの証拠と言えるであろう。

だが、世の心霊現象には、「現象」としてのそれなりの意味はあると思われる。他界の存在を知らせる縁《よすが》とはなるからである。しかし、心霊研究もこの領域に留まるならば、人間の精神的向上には繋がらない。我われの目指すところは、二十一世紀の人文推進者に相応しい、人間の心地、霊性の開発にある。

新しい人類の誕生は二十世紀以降の神意と拝承しているが、それぞれの国、それぞれの国民に新しい世の予言者、霊性者が天降って、秘かに準備が進められている。その中でもやはり日本は日の本である。

このような観点から古事記を繙いて見ると、霊性の開発なしには古事記の示す真理の実相は到底理解できないことが分ると思う。

さて、古事記冒頭には「天地の初発の時に高天原に成りませる神の御名は天之御中主神《あめのみなかぬしのかみ》、次に高御産巣日神《たかみむすびのかみ》、次に神産巣日神《かみむすびのかみ》、この三柱の神は皆独り神になりまして、身を隠したまひき」と書かれている。

ここで「天地の初発」における天地とは、常識的な意味での天地ではない。この大宇宙の中には、この三次元の世界を超えて、幽界、つまりあの世があり、この幽界を超越したいわゆる使い神のおられる霊界が存在し、更に、その霊界を超えた、多くの次元の神界が厳存する。

したがって、古事記冒頭における天地とはこれら神界、霊界、幽界、現界を統合した意味での天地であって、いわゆる、三次元の天地ではない。

そこで「天地の初発」の時とはこのような意味での全宇宙の初めという意味である。

今日の天文学的宇宙観によれば、宇宙は今から約百数十億年前に、いわゆるビッグバンによって大爆発が起こり、約三十分で宇宙が創成され、宇宙は絶えず成長し、今日、人間で言えば青年期にあたり、宇宙空間はどんどん拡大しているといわれる。しかし、これはあくまで三次元的な宇宙に過ぎない。

そこで、古事記にいう高天原《たかあまはら》であるが、高天原の高は高く遠いという意味を含み、同時にこの高には、高御産巣日神《たかみむすびのかみ》を高木の神と称える場合と同じく、褒め称えの言葉が込められている。こうして高天原は、一切の世界を意味し、この全宇宙には、神界あり、霊界あり、幽界あり、その現《うつ》しとしての現界がある。

また、高天原には全宇宙最高神都の意味があり、宇宙における最高の大祖神がお出でになる神都という意味がある。今日理性を出ていない地上人類にとって、無限の次元に亘る神界の実相を理解することは、不可能に近いが、諸神界の実在、天神地祇の実在は、恐らく、ここ一、二世紀の間に、人類の常識となるに違いない。

この全宇宙の大祖神を古事記神代巻においては、天之御中主神というご神名でお呼びしているのである。

明治以後の歴史及び神道学者の中には、天之御中主の大神は、国常立《くにのとこたち》の大神などと共に、神道の思想史上、文明開化した後の、思想的産物であるとの見解を表現している学者も少なくないが、これらは理性の小部屋に立て籠って、無限実在の宇宙神界の実相に触れることのない、皮相浅薄な曲説である。

この大宇宙の独一の大神は、その分魂を分ちて一切の神々、人、物、ありとあらゆる限りの森羅万象に内在し給うと同時に、これを超越して全宇宙に君臨される。それが天之御中主神《あめのみなかぬしのかみ》である。全宇宙の全てのものにとって、この大神は主であり、親である。そして、この大神のいます神界至極の領域を、この古事記冒頭においては、高天原と呼んでいるのである。

天之御中主神に次いで、「次に高御産巣日神《たかみむすびのかみ》、次に神産巣日神《かみむすびのかみ》」と記されている。古事記の本文を見ると、これらの三柱の大神は皆独り神であって、御身を隠されたと書かれている。ここは古来多くの学者達の解釈に悩むところであるが、天之御中主の大神と神産巣日の大神は神の中の神であり、幽秘の中の幽秘に在し、これを隠り身というのである。古事記冒頭の意味は、永劫遼遠、天地未だ成らざりし時、大宇宙の創造神がおられ、これを天之御中主神と申し上げる。この大神の直接の御分身、諸々の産霊《むすび》の神達がおいでになる。ここでは、これをあたかも、唯二柱の産霊の大神達だけがおいでになるように伝えているが、その大神達の御職掌の遠高きを指したもので、創造の別天津神の世界には多くの産霊の神達がお出でになる。

だから、古事記冒頭の神は、実は神名ではなく、御職掌によって、産霊の神達が二群に分れたという意味である。

これらの大神達は創造の秘義に関与せられて、人間界は申すまでもなく、諸々の神界にも直接には関与せられない。これらの産霊の大神達は、みな大祖神の直接の御分身であって、強いて人間に譬えれば、人間の自覚内容に当る。むしろ御祖の大神の創造の御神格と考えれば理解し易く、御祖の大神即ち産霊の大神と考えれば、大きな過ちにはならないと思う。古事記の本文に、独り神になりまして身を隠し給いきというのは、この意味を含んでいるのである。

ムスビのムスは苔むすのムス、息子、娘のムスで、ムスということは、今日で言えば創造生成である。ムスビのビは宗教的神秘力を表現する接尾語である。「ビ」「ミ」「ヒ」はみな同じ意味を持つ接尾語であって、「クシビ」のビ、「カミ」のミ、「タマシヒ」のヒなどはみなこれである。ムスビという言葉を哲学的に表現すれば、創造的神秘力ということになる。

古事記においては、「この三柱の神はみな独り神になりまして、身を隠し給いき」と記しているが、独り神ということは、従来は結婚をしない独身の神というように考えられているが、これは大変な誤りである。独り神とは比類のない偉大なる独一の真の大神という意味である。だから「隠り身」なのである。「身を隠し給いき」と読むのは誤まりであって、「隠り身にましましき」と読まねばならない。この三柱の大神達は宇宙の最高神であられるから、人間界に対しても隠り身であり、諸々の神界の神達に対しても隠り身である。本田親徳翁は幽の幽なる神と言っているが、無際涯《むさいがい》に亘って、幽の幽なる神である。

次に、古事記の文脈によると、神世七代の最後に、伊弉諾《いざなぎ》、伊弉冉《いざなみ》の神が出現されることが書かれている。この二柱の神が天照大神の親神であられることは知っている人も多いと思われるが、その神のご神名の意味については、余り知られていないと思うので些かここで私見を述べておきたいと思う。

イザナギ、イザナミの二神は遠く高い神々であるが、この現界の経営上臨時に肉体化された神々である。この二柱の神が出現されてから、人事と神事が交渉し始めた。イザナギのイは命のイ、勢のイなどのように生命力の象徴である。次に、サはさわるとか、誘うというように、充実した生命力が、行動に移ろうとする姿を象徴している。ナは主に対して従、正に対して副、天に対して地という意味を持っている。ここではナとは大地を意味する言葉である。イザナギのキは男性を意味し、ミは女性を意味する。

イザナギのイサは現在の言葉の中に残っているイサゴとか、イサリ火とか、イソとかいう言葉に表わされているように、海岸を意味する言葉で、イサナとは海岸の土地の意味で、神界から海岸に降下され、海岸の土地に生命力を育む神秘な力、生命力というのが、イザナギ、イザナミの神の意味で、これを陰陽に配したものである。

海岸のいわゆる大陸棚と呼ばれる陸に近い海において、その生命を育む力、それがイザナギ、イザナミの神であるとするならば、ソビエトの世界的に有名な生化学者オパーリン博士がその著「生命の起源」に述べていることと同じ結論に到達する訳である。

オパーリンは最初の地上生命の誕生は、大陸棚、即ち海岸から水深五十メートル前後の緩やかな斜面の所で、太陽光線と水と炭酸ガス及び大気中の窒素などが化学反応を起こして、いわゆる炭酸同化作用によって、新しい物質が合成され、生命現象の最初の基盤となる、蛋白質が出現してきたと述べている。

日本の古典は、今日の高度の自然科学の偉力によって解明された自然科学的真理を、神話という形を通して、素朴に、端的にかつ優美に、生命発生の機序について、いとも簡単に言い放っている。わが古典が如何に今日の科学とも符合し、生命の秘儀を備えているかが、この一例からもよく判ると思うが、古事記は日本国民にとってそれだけ貴重な真理の書であり、予言の書といってよい。

これは我われの遠い祖先が永年に亘って築き上げてきた伝統的日本の叡智であり、二十一世紀の日本及び世界人類の運命をも暗示している。最近、日本の古神道の価値が世界の多くの識者達から注目されて来ているのは、決して偶然ではなく、また一時的なブームでもないのである。

先に述べたように、神道では幽遠なる天地創造の大神を天之御中主の大神と申し上げているが、この大神の創造の能力が、二柱の産霊の大神となり、この大神達の創造の力が、次元の高い世界から次第に次元の低い世界に顕現して、天神、地祇の世界が出現し、イザナギ・イザナミの神に至って、漸く初めて地上に肉体化されたのであるが、この神達は単なる野蛮な地上の人間の祖先ではなく、顕幽を自在に往来された神々である。これらの理解のためには、今日の心霊科学における霊魂の物質化現象、及び物質の霊魂化現象などの事実を考慮に入れれば、その一端を理解することが出来るであろう。また、明治十七年、長い年月に亘る修行の末、吉野の仙窟から肉身のまま昇天した山中照道先生や、江戸時代に肉身のまま昇天した伊勢の渡会《わたらい》の神主のことなどを考え合わせれば、一層理解し易くなると考える。

そこで、我われ日本人の生活にとって、最も重要な神は産土《うぶすな》の神であって、古来、産土の神は氏神とか鎮守の杜とか呼ばれているが、本来は、産土の神と呼ぶのが正しい呼び方である。産土の神は神界の上位の神々からご覧になれば最も下位の神、我われ人間界からすれば、最も人間に近い神達である。

したがって、我われの出生地の産土の神は、我われの人生にとって、最も重要な関係を持っておられる神である。端的に言って、我われ個人の一切の運命を掌握されておられるのが、この産土の神である。それでは、産土の神は人間にとってどのようなご存在なのであろうか。

産土の神のご職掌は、まず第一に、その人の寿命、つまりその人がこの世で何歳まで生きることを許されているかということ。第二に、どういう理由で、その両親の子としてこの世に誕生したかという親子の因縁、第三に、その兄弟姉妹との因縁、第四に、この地上において、どのような能力と使命を帯びて出生してきたかということ。第五に、その人の祖先の状態はどのようになっているかということ。第六に、その人の過去世のことはどのような状態であるのか。その罪障量はどうであるのか。第七に、その人の地上での経済的生活はどの程度に、また社会的地位はどの程度許されるのか。第八に、その人の霊魂の戸籍はどうであるのか。第九に、夫婦の因縁についてなどであり、これを総括して考えれば、およそ人間の運命の一切を掌握されているのが産土の神であり、この記録の原本は、遠高き大神の許に保管せられているものであるが、産土の神はそのコピーを手許に所持せられているのである。

俗間、往々にして罪障因縁とか、罪障消滅とか、因縁の解除とか、安易に言挙げされているが、その実際は、その本人が地上において天意に副った生活を積み重ね、謙虚に陰徳を積んだ人生の過程において、産土の神のご神慮によって、その記録の中から、具体的な罪障因縁を抹消することによって、真の罪障因縁の解除に至るものであって、妄《みだ》りに人間の尺度をもって、神罰を口にし、罪障消滅とか、因縁解除とか期待したり、言挙げするようなことは厳に慎まねばならない。

2　神道の思想

洋の東西を問わず、各国民、各民族には永い伝統がある。西欧には西欧の永い歴史があり、その西欧思想を貫くものは、ギリシャの精神とキリスト教の精神とが彩なして、文学に美術に彫刻に建築に、社会思想に、色々な面でそれらが西洋的な思想を築きあげて来ている。その奥にあるものはアリストテレスの倫理学に規定されるような合理主義であり、さらにそれを超えようとするキリスト教の思想がある。

同じ様にインドにおいては、仏教やヒンドゥー教の思想を背景とした民族思想があり、中国には老子や荘子の思想、また孔子の儒教を背景とした、漢民族の織りなしてきた四千年の歴史がある。

同じ様に、日本にもやはり日本特有の民族思想があり、いわゆる「日本的」という言葉で表現される民族思想があるのである。では「日本的」ということはどういうことなのかと問われると、誰でもそう簡単には説明できないものである。日本的なものの特徴の一つとして、我われが教育されてきたものは、本居宣長が詠んだ「敷島の大和心を人問はば、朝日に匂ふ山桜花」という和歌が思い出される。

この桜の花の潔さということがよく日本人の心だと謳われている。そして、それが武士道精神の真髄であるといわれ、「武士道とは死ぬ事と見付けたり」ということがいわれているが、果して日本の本当の思想が死ぬ事であるのであろうか。

日本近代美術の発祥地五浦で、岡倉天心が多くの弟子を養成して、日本の美術を最高の水準に高めたことは周知のとおりである。その天心が、「茶の本」を一九〇六年、ロンドンで出版したが、その中で天心は皮肉たっぷりに次のようなことを述べている。

「茶の道とは生きる道を教えるものである。それは単なる芸技ではない。日本人がこのお茶の道を通して文芸に励んでいる時には、日本人は野蛮人だと西洋の連中は言った。ところが、日本が満州の荒野において大量の殺戮《さつりく》を始めたならば、日本は文明国だといい始めた」と書いている。決して、戦争に勝つ事がその国の文化のレベルを象徴することではない。日本は明治以来、いわゆる軍国主義という言葉が謳われて、第二次世界大戦で徹底的に敗北し、昭和二十年以後に、日本は新しく民主主義国家として生れ変ったのであるが、果してそれが日本の本当の姿であるのだろうか。

日本文化の中で培われてきた文学とか絵画とか、彫刻とか思想とかをいろいろの角度から、日本の心として追求することもできるが、ここでは、さらに奥深くそういうものを在らしめた、日本の精神的中核とは何であるかということを掘り下げて見たいと思う。日本人の心を考える時には、どうしても日本の生え抜きの神道思想を考えてみなければならないと思う。

日本が敗戦後に世界の四等国になり下ってから、僅か二十数年で世界第三位の経済大国にまで躍進したということは、大変奇蹟的で二十世紀の驚異といわれている。一体、この日本国民の潜在エネルギーは何であるかと外国の人達に大変な関心を呼んでいる。

米ソの冷戦が非常に厳しかった三十年位前、ソビエトが一番悩んだ問題は、アメリカとの関係改善よりも、実に二億の人口を擁する国民を、どう平和に治めていくかということがソビエトの指導者達の一番の悩みであったといわれている。

3　平安朝の奇蹟

ソビエトでは最高幹部会が何回か開かれて、過去の歴史の中から平和の極め手を見つけようとしたが、西欧の歴史にはそれに応える教訓は見出せなかった。

そこで眼を東方に向けてみると、敗戦国日本の歴史の中に過去四百年の間、一人の死刑囚も出なかった平和な時代があったということを発見して、大変驚いたという。

それは平安時代であって、その原因、中核が何であるかを非常に熱心に模索し、さらに我が国の古代思想を研究し、ソビエト大使館を通じて我が国の関係者に、色々な文献の提供を依頼してきたといわれている。その文献はいまもなおクレムリンの奥深くに存在している筈である。

こういう風に、世界は最も我われと反対の方向をたどっているようなソビエト圏内においても、日本思想というものに対して大きな関心をもって来ているのである。

さらにアメリカでも、日本は大変野蛮な国である、だからこれを抹殺するのが正義の戦いであるということで、第二次世界大戦を戦ってきた彼等は、実際に日本に来てみると、彼等が教えられた教育が大変間違いであったと知らされる。

戦後、いち早くＧＨＱから師の礼をもって迎えられたのが、禅の研究で世界的に有名な鈴木大拙先生であった。先生は当時、円覚寺に住んでおられたが、ＧＨＱのスタッフ達は、いわゆる禅の修行に馳せ参じたのである。これが機縁になって、アメリカの人達が禅の研究に大変熱を入れ始めた。

4　禅の思想とは

彼等が、この禅の中で何を見出したかといえば、西洋流のいわゆる自由平等という平面的な思想しかなかった彼等に、禅の中から「差別即平等」という思想を学んだのである。彼等にとって、「差別即平等」という思想は大変フレッシュな思想であった。彼等は貪《むさぼ》るようにこの禅の研究に入っていったのである。

これを契機として鈴木大拙先生は、コロンビア大学に客員教授として招聘《しょうへい》され、前後十年間に亘って禅の講義を続けられ、この間英文で禅を世界に紹介されたのである。今日、大拙先生が「世界の禅祖」といわれているのも決して偶然ではない。

しかし、この禅もインドの仏教が中国に輸入され、老子の教え、即ち道教と結びついて出来あがったのが禅であり、ダルマ大師を開祖として、第六代目の慧能禅師から今日みられるような禅の形態ができてきたといわれている。

この禅が、鎌倉時代に栄西、それから道元禅師らによって日本に持ち込まれ、いわゆる日本的な禅が生まれてきたのである。この日本的な禅が形成されるためには、日本古来の生え抜きの神道思想が、重大な役割を演じているということを考えてみなければならない。

今日、茶道が日本人の嗜《たしな》みとして盛んになり、物《もの》の哀《あわ》れとか、寂《さび》を味わう人々が増えていて、これも日本的なものの特徴の一つであるが、この茶道を創始した千利休の後妻さんが、伊勢の皇大神宮の巫女であったことをみても、今日の茶道の作法の中に、神道思想がありありと生きているのが分るのである。

5　正月行事の本当の意味

日本の思想は日常生活の中に浸透しているが、あまりにそれが永く、自然にあるものだから、気が付かないでいる場合も多い。

日本的ということで、まず頭に浮かんでくるのは正月の行事である。

お正月が近づいてくると煤払いをし、門松を立て、お餅をつき、〆縄を張り、鏡餅をお供えして、元旦には若水を汲み、屠蘇を酌み交わし、またお雑煮を食べ、年始廻りをする。全国十万のお社には初詣の老若男女で満ち溢れる。

こういう風景は外国人にとっては非常にフレッシュに感ずる象徴的な日本の情景であるが、そのお正月の行事がどういう歴史的な背景によって起こってきたかということを知っている人は案外少ない。ただお餅を食べる事、正月休みをする事は知っていても、そのお餅がどうして神前に供えられ、なぜ門松が立てられるのかということを知っている人は極めて少ないと思われる。簡単にいえば、日本には古くから「まれ人」の思想がある。民族学の折口信夫先生もいろいろ研究を残されているが、「まれ人」の思想は沖縄にもあるので、日本民族の祖先は南方系ではないかという説も出てくるが、それはさておき、民族信仰の中に「まれ人」の思想がある。まれ人、まれに来る高貴な方、即ち神様が年に一度、日本の国を訪れられて、日本の家庭の家々にお出になるという信仰が、遠い昔から日本にあったのである。その神様とは五穀豊穣を司る神様である。五穀豊穣を司る神は年神といわれるが、その年という言葉には、一年三百六十五日という意味の年と、五穀を意味する年との二つの意味がある。

日本の古典をみると、御年《みとし》の神、大年《おおとし》の神というご神名が出てくるが、この場合の年が五穀を意味するものである。

ご承知のように、伊勢の外宮の豊受の大神様は五穀豊穣を司る神様であり、あるいは保食神《うけもちのかみ》とか、宇迦之御魂《うかのみたま》の神様とかの神名があるが、これは五穀を司る神様であり、「ウカ」とか「ウケ」は食物を意味する。

この五穀を司る神様の恩恵に感謝し、この神様をお迎えしようとするのが正月の行事である。まず門松であるが、松は本来は神様の憑代《よりしろ》、即ち玉座であり、その玉座として常磐木《ときわぎ》の松を床の間に飾ったものである。ところが、段々年が移るにしたがって、この神様がお出でになるのが待ち遠しいという意味で、外まで、門口までお出迎えするという気持を象徴して、その松を門口に飾るようになった訳である。

お正月が近づくとお餅をつくが、このお餅は鏡餅といい、二つ重ねて供える。上と下と二つ重ねるが、本来はこの餅の意味するものはやはり五穀の象徴であって、この食物を与えて下さる年神への純粋な感謝の意味を象徴して、天地を祝福する意味で、二つの鏡餅を重ねてお供えする訳である。上の餅は天を意味し、下の餅は地を意味している。

したがって、二つのお餅は天地を意味するから上の方を小さく、下の方が大きくするような作り方をするのは間違いで、上下同じ大きさにするのが古儀に則った供え方なのである。床の間にお供えを飾るのも、その一家の主人の一年間の生活を祝福する意味であり、玄関先に飾るのは、その一年間その家を訪れるお客様の幸福を祝福する意味で飾るのである。また居間に飾るのは、その家の主婦の幸福を祝福するためのものである。だから本来は各部屋に飾るのが正しい。お勝手や風呂場にも飾るのが正しいのである。特に勝手や風呂場は低級な霊魂が集まるところであるから、お供えをすればそれらの御魂を喜ばせることになる。

また、元日の朝に屠蘇を酌み交わすのは、祭の後に直会《なおらい》といって、ご神前にお供えした山海の御饌《みけつ》物《もの》を酒の肴として、ご神酒をいただき、祝宴を催すが、これは本来、祭の一部であって、祭の後にただご馳走をいただくという意味ではなくて、神様と共に食事をいただくという意味を込めたものであって、ご神酒や御饌物に降り注がれた神気をいただき、これによって「魂おち返る」、即ち霊魂の新生を得て、心身共に若返るための行事である。

この直会の形が変って俗化したのが屠蘇を酌み交わし、雑煮を食べることになったのである。また年始廻りをする風習は、正月を迎えるための参籠《さんろう》、潔斎が済んで、再び俗世間の生活に戻ったことの挨拶廻りが変形したものである。

またお正月にはお年玉を上げたり、いただいたりするが、お年玉とは神前に供えた餅のことで、年神の神気を注ぎ賜わった餅という意味で、玉は「賜び」の意味であると考えられている。神気を賜わった餅をいただいて、健康で若返ろうとする願いを込めたもので、我われの祖先は事実このような体験をしてきたのである。

餅は遠い太古に地球上が洪水にあって食物が無くなった時、枯木に「モチヒ」といって餅のような霊菓がなり、民衆はこれを食べて生き延びたという古来の伝承に擬《なぞら》えて、五穀豊穣を司る年神に、神恩感謝の心を込めて、餅をお供えするようになったものと信じられている。また丸くまるめるのは、心の円満さを象徴するものである。

こう見てくると、日本的な雰囲気が正月という行事の中にいろいろと含まれていることが分かってくると思う。このような雰囲気の中にいると、私どもの心が自然に和むということを体験していると思うが、そういう年神の思想を含めて、日本にはいわゆる八百万の神々がおられると古典に書かれている。

そういう事が、近代の合理主義的考えからすると、非常に未開の夢物語にしか過ぎないという考え方になり、戦後アメリカから日本の神が偶像崇拝だというようなことをいわれ、日本人もそれに引きずり回されて、そう思い込んでいる人も多いが、日本は古来、非常に高次元な世界観、宇宙観を形成して、いわゆる現実の世界と目に見えない世界とが矛盾なく融合して、神と自然と人間とが調和して、その中に大天地の大らかな生活を謳歌してきたのである。

6　民族の遺産と古典

万葉集が世界的に大変優れた人類の遺産であるということは、世界の識者達から評価されている通りである。あの万葉の大らかな思想は、決して今日のようなこせこせした思想の中からは生れてくるものではない。

如何に日本の古代の人々が大らかに、豊かに、天地を讃美しながら、天地と共に生きてきたかということが窺える。この万葉人の心を培ってきたものは一体何であったであろうか。勿論山紫水明の自然に恵まれ、四辺大洋に囲まれ、四季の変化に富む温暖な気候も与って重要な要因をなしているが、それだけでなく、この時代、万葉人は日常生活の中で鎮魂の修行を通して、無限創造の生命の荘厳な事実を体感して、充実した精神生活をしていたことが窺われるのである。

万葉集の中に「魂は朝夕《あしたゆうへ》に魂ふれど我が胸痛し恋の繁《しげ》きに」という歌があるが、この歌の意味は、毎日朝夕に鎮魂の修行をして、精神統一を図っているけれども、余りに恋心の激しさに、胸の痛みを覚えるということを表現している恋歌である。周知の通り、万葉集は、上は宮廷から下は田夫野人に至るまで、四千五百十六首の優れた歌を集めて作られたものである。この恋歌にしても、当時既に日本の庶民の日常生活の中に、この宮廷深く伝えられた鎮魂の法が広く行われていたことが察せられるのである。生命の尊厳の自覚と豊かな人間性の開顕は、この生命道によって培われてきたものと思われる。日本においては、太古以来神を崇め祖先を敬う美徳を守り続けてきたが、これは単なる人間の思惟の理想像として強調されたのではなく、生活体験を通した生きた真理として、連綿として伝えられてきたのである。

「日本人の心のふるさと」は伊勢であり、奈良であり、九州であるが、これを統括した意味において、日本人の心の奥深く、民族的無意識層の中に生き続けているものは、日本の神であり、日本の遠い祖先の心である。

それでは日本における神とは何であろうか。それはジュネーブ大学比較宗教学教授であったジャン・エルベール博士の説明を引用すると、「宇宙の自然現象が聖化され、神格化された宇宙神や物理的な哲学神、それから外国から渡来した蕃神《ばんしん》、地上に肉体を持って住んだことのある現在神など、大変巾の広いものである」が、何れにしても神とは聖なる実体であり、通常の人間の意識状態では目に見えないが、目に見える宇宙に影響を与え、かつ崇拝されるに値する実体を指している。

7　日本思想の優れた純粋性

日本の国民の一大特長は、純粋さと真心を尊び、清潔さをこよなく愛することであった。我われが白妙の霊峰富士を仰ぐ時、その神聖なまでに澄み切った清らかさに、限りない感動を覚えるが、まさに霊峰富士は「日本人の心のふるさと」を象徴するものであろう。それは日本人が本来、純潔を尊ぶ国民であるからに他ならない。日本人は神州清潔の民であらねばならない。そのためには日本の歴史の中に幾度も沈潜して、日本民族の叡智を探り、その中から抜け出したものでなければ、真の日本人の自覚は湧いてこないと思う。

世界の現状は甚だ神に遠いが、日本の現状も更に神に遠いものがある。何を以て神国と称し、神州清潔の民といえるであろうか。

日本の神とは天地創造の神から山川草木、さらに人間に至るまで、全て神秘な偉力をもち、尊敬に値するものを、日本の遠い祖先は神として祀り、崇める風習をもっていたのである。

人間もまた国家、国民のために功績があった人を神として祀っている。ここにいう神とは、他人のために喜んで犠牲になれる人のことである。

西郷南洲は、「金も要らぬ、命も要らぬ、名も要らぬという人間は誠に始末が悪い。しかし、この始末が悪い人間でなければ本当の人間の仕事は出来ない」と言っている。私はこの南洲の言葉が大好きである。天を敬い人を愛した南洲は、国のため、人のためということを常に念頭においていた。だからこそ、南洲は男の中の男として、日本人の中の日本人として、全国民から敬慕されるのであろうと思われる。

弁慶や忠臣蔵の心は、いつの時代にも、日本人の心に感動をよび起こさせるものである。それは母が子を愛し、子が母を慕うに似た自然の心の発露である。「日本人の心のふるさと」は慈愛に満ちた母の心を恋うる子どもの自然の心であろう。戦後、日本の神は地に死に果てたかに見えたが、決してそうではない。それどころか、これから真に日本の神の姿が如実に世に現れてくるであろう。

8 「考える」は神迎えるの意

戦後、アメリカの文化人類学者のルース・ベネディクト女史が「菊と刀」という本を書いて日本の国民性を批判している。それによると、日本人は大変好戦的でありながらおとなしい。非常に頑固であるにも拘らず、同時に簡単に人の意見を聞く。非常に傲慢でありながら、礼儀正しく、非常に保守的でありながら、外国のものに飛び付き易い。こういう矛盾した性格は一体何処に原因するのかと驚いている。

こういう矛盾した性格を持っているために、日本人は道徳的基盤を持たない。だからＧＨＱのマッカーサーの占領政策にも従順に従ったのだし、それ故に日本の中に、キリスト教的「罪の意識」や、中国のような「仁」とか「愛」とかの意識が無かったのであり、日本人には「良心」がないとベネディクト女史は述べている。

現代の日本の姿をいろいろと厳しく批判している点で参考にはなるが、こういうものが日本の本来の生え抜きの思想であると考えるのは、日本思想に対しての究明が、大変表面的に過ぎることを物語っているといえよう。

こういう批判に振りまわされて、日本人がこのような本を読んで感心しているようでは、日本の文化の本質を捉えることは期待できないと思う。二十一世紀は精神文明の時代になると、世界の識者達が述べているように、あらゆる点で、期せずして人類は物質の世界から、精神の世界を求めて来ているのである。これからは哲学の時代なのである。また、今までは教養の時代であったが、これからは宗教の時代であるといっている学者もいる。最近では哲学に関する本が沢山出されている。また本屋でも、精神世界というコーナーが出来ており、心理学や超心理学、深層心理学さらに哲学、宗教に関する本がずらりと並んでいる。

これは人間性の恢復という問題で、考えるということを忘れていた人間に、「考える」トレーニングを与える方向に向っているためである。

考えるという言葉は、日本の言葉で「神迎える」という意味であるといわれているが、神迎えるとは、即ち神様の意志を奉じるということである。

ドイツ語で理性のことを「ヘルヌンフト」というが、「ヘルヌンフト」という語源は「神の声を聞く」という意味である。現代の理性人は、すべからく神の声を聞かなければ、本当の理性人とは言えない訳である。そこで神とは何ぞやということを本当に考え、それを知らなければ、考える人間とはいえないことになる。

パスカルは「人間はか弱い葦である。しかし、それは考える葦である」と言って、人間を高く評価しているが、その考える葦が今日考えない葦となろうとしている。今ここで「考える葦」になる人間を創りあげていかなくてはならない。しかし、その極め手は何処にもない。今日、世界の宗教も自然科学も、この問題を救う極め手を何も持っていないのが現状である。

よく欧米の人々は日本の神道には、仏教やキリスト教のように教典が無いといって非難をする。日本の思想が何か野蛮な思想のように考えられている。だが教典がないというのは実は大変な強味なのである。なぜ教典がないかというと、それは我われの日常生活の中に密着し実践されているからである。

キリスト教とか仏教というのは、いわば大学とか大学院に擬えられる。そこではいろいろな専門の研究がなされ、あるいは高等数学が講義され、その他専門の学問が講義されて非常にアカデミックな雰囲気を醸し出す訳であるが、そういうものだけが学問と思うのは間違いである。これがいわゆる従来古今東西に起こった宗教である。

日本の惟神《かんながら》の道は、神そのまま、即ち生命の原理そのままという意味である。その生き方というものは、日常生活の中に実践することであって、決して大学が人生ではない。生きた姿婆こそ我われの人生であるという点で、惟神《かんながら》の思想はこの生きた娑婆の学問である。従来の宗教、宗派はいわば大学教育にすぎない。

本当の人生の味は大学を出て娑婆の生活をする中にあるのであって、地理も歴史も哲学も、宗教も芸術も一切合切が統合されて、そこに人生の歩みがあるのだと思われるのである。そういう意味で日本の惟神の思想は、従来の宗教概念からすれば超宗教といってよい。

宗教という名残りすらも留めない、透明無垢、淡々たる生活態度であり、本当に大自然のままに生き、山川草木とともに笑い、天神地祇とともに語る生き方である。それは決して教学や戒律ではなくて、そういう自然の大法のままの生活であり、喜びと感謝の中にいろいろな神秘を具現しながら、平凡な生活の中に理性を輝かし、さらに理性を超えて叡智の玄門に至り、雄大に、豊かに、そして逞しく、現実と幽玄を矛盾なく融合し、天地卓越の人となる道である。

そういう生き方が、日本思想の中に存在しているということを、日本の文化人と称し、進歩主義者と称する人達が果して知っているであろうか。日本に哲学がない、文化がない、宗教がないと日本を非難する人達が、果してこういう事実を知っているのであろうか。日本人であるなら、もっとよく日本の事を知って欲しいと、痛切に感じるのである。

世界的に有名なフランスの生物学者ルコント・ヌーイは「人間の運命」という本の中で、「我われが従来金科玉条と考えていた科学的真理は、寧ろ虚妄の世界であるかも知れない。従来迷信であると考えられていたキリストの奇蹟の世界こそ、実在の世界であるかも知れない。我われ人類は、今後新しい神を発見しなければならない」と述べている。

二十一世紀はまさに新しい神の発見の時代であり、二十世紀後半はこの新しい時代への胎動の時期ともいえるのである。宇宙的視野を背景とした普遍人類的な新しい神は、従来のような理性に嘲《あざけ》られる神ではなくして、理性を跪《ひざまず》かしめる神でなくてはならない。ソクラテスの「汝自身を知れ」という言葉は「我われ自身に宿る神性を知れ」という意味であろう。人間が地上に生きる終局の目的は、キリストが「汝の心を尽し、汝の精神を尽して汝の主なる神を求めよ」と言ったように、その心の奥深く、神性を予約された人間の「自己発見」の道程でなければならない。

今日の日本および世界の混沌たる現状を具《つぶさ》に観察してみると、キリストが出現した当時のユダヤの混乱の中で、メシアの出現を求めたユダヤの民衆、あるいは釈迦が出現した当時のバラモン教の弊害に悩まされたインドの状態に大変似通っていると思う。

今日、絢爛たる機械文明の発展の真只中で、人間は不信と猜疑心に悩み、物質的な繁栄や恩恵とは裏腹に、孤独と不安に戦き、不平と不満に溢れて、社会不安や闘争を繰り返している現代人の胸底深く、新しいメシアの出現を待ちわびていることがありありと観取される。

ところで、我が国ではどうであろうか。ジュネーブ大学教授であったエルベール博士がいわれていた「神と自然と人間との調和」の中で、天真爛漫な生活を続け、皇室を一大宗家として、敬神崇祖の伝統を連綿として伝えて来ている。

人類は太古より、絶えず光を求めてきた。ドイツの偉大な文豪ゲーテも、八十余年の生涯を生き永らえて死に臨む時「メーア・リヒト」、「もっと光を」と言ったということは有名な話である。ゲーテのような偉大な天才においてさえもなおかつ、光を求めているのである。凡人が光を求め、光に憧れ、光を慕うのは当然といわなければならない。

仏教における「南無阿弥陀仏」の六字の妙号は、「真理の無量光の光を与え給え」という意味であるから、やはり光を求めているのである。

我が国は祖先以来、生命力の根元たる太陽に向かって合掌してきたし、俳聖芭蕉が「荒海や佐渡に横たふ天の川」と詠んでいるように、荘厳雄大な天の川の美観に感動し、己が心の深奥に潜む、太陽のように輝く燦然たる魂の光を、自己内観によって体験した。そして天・地・人三位一体の体験による生命の歓喜を通して、人間の徳性を磨き、生命の尊厳と永遠性を信じてきたのである。神と自然と人間の調和のもとに、天地と共に、無限の進歩向上を目指した、我が古代の日本人は、如何に豊かで大らかで、天真爛漫で科学的、かつ叡智的であったかが窺われるのである。

数年前、ローマ法王パウロ二世にお会いしてきた私の知人の話によると、ローマ法王が十万人の聴衆を前に、日本の古来の思想即ち日本の神道思想というものは、キリスト教を凌ぐ素晴らしい宗教であるということを強調したという。その時にエルベール博士も同行されたそうであるが、彼は世界的に有名な比較宗教学者である。

彼は比較宗教学者として、これまで「日本の神道思想というものは、宗教の枠外のものであるというふうに考えていた。しかし、これは今までキリスト教という宗教を、宗教の原型、即ち尺度として考えていたところに問題があったのであって、キリスト教というものの尺度を放擲《ほうてき》して、新しく赤裸々な姿で考えて見ると、日本の神道というものは世界最高の宗教であることが今度はじめて分った」と私に語ったことがある。このように世界の耳目は期せずして精神界に、そしてその精神界の本家本元である日本に、注がれてきているのである。

第三章　日本人の心のふるさと

1　日本民族の起源

「古きを温ねて新しきを知る」という言葉がある。今日、高度の機械文明の中で、社会的にまた個人的に非常な歪みの中に生存しており、公害、交通戦争、青少年の不良化などいろいろの困難な問題に突き当ってくると、人間は単に物質的な恩恵だけでは幸福になれないということに気が付き始めてきている。未来学者の中には、二十一世紀に果して人間が生存できるだろうか、ということを憂慮している人達がいる程、誠に深刻な時代になっている。

そこで「古きを温ねて新しきを知る」ということは、我われ現代に生きる人類全体の課題として考えねばならない時代に立ち至っているのである。

日本民族の起源を探るまえに、人間の歴史の中でいったい人類はいつ頃この地上に出現したかというと、一応科学的には、従来、約六十万年ないし百万年位前といわれてきたが、近年の考古学的所見により、学者によっては三百万年位前というようにいろいろの説があるが、最近では、三百五十万年前後にこの地上に人間が出現してきたことを発表している学者もいる状態で、人類出現の時期はどんどん過去に遡《さかのぼ》っている。

バイブルでは人類はアダムとイブから出現したことになっているが、アブラハムの時代には、世界中に約三十万の人間が居たと考えられている。

では、日本列島に日本人が生存するようになってから、どの位の年月が経ったかということは、中々学者の意見の分れるところであるが、最近の学者の発表によれば、約三十万年前に日本人の原型が存在したといわれ、また、三千年位前、縄文時代には、関東一円で約三十万人の日本人が生存していたといわれている。奈良時代に行基菩薩という僧が、初めて日本人の人口調査をしたと伝えられているが、それによると、日本中に約六百万人の国民が居たといわれている。

これは言い換えると、大体現在の東京都の人口の約半分位の人間が日本各地に生存していたということになる。今日のような光化学スモッグや公害もなく、四方海に囲まれて、山紫水明の国土に生きていた日本の古代人は、非常に明るくのびのびとした生活を送っていたと思われる。

古代日本人としての一つの原型を考えてみると、考古学的にも指摘されているように、いわゆる縄文人が居たことは明らかであろう。縄文人とは、縄文式土器を使っていた人達のことで、大体紀元前七千年、即ち今から九千年位前から、約五千年ないし七千年間位続いたと考えられ、狩猟生活が主体で住居が一定せず、縄文人の初期の文化と後期の文化との間には大きな変化はなかったと考えられている。

縄文式の土器を使った人達の後に、いわゆる弥生人、即ち水稲農耕、稲作を南方から導入して一定の住居を構えるようになり、生活様式に極めて大きな変革を齎した弥生式文化が形成されてきたが、これが今から二千三百年ぐらい昔の日本の姿である。

日本の歴史によると、神武天皇が九州から大和征定に赴き、橿原の宮で即位をされてから二千六百数十年が経っているといわれている。このことは、戦後の歴史学、考古学、人類学あるいは民族学など様々の分野から批判がされた。これは神話上の出来事であって、日本の国家がその頃に存在したのではなく、日本の本当の歴史では無いとされ、さらに神武天皇と第十代の崇神天皇は同じくハックニシラススメラミコトという名前で出てくるところから、同一人物を二重に年代を引き延ばすために、大和時代の宮廷の修史家達が画策したのであるというふうに考えられてきた。果して事実がその通りであるかどうか。戦後の教育の中で日本の歴史は、大体二千年位前からのものだというような考え方が多くを支配している。

しかし、最近になって神武天皇実在論を提唱して、やはり神武天皇は日本の歴史上の実在の人物であるという事を主張する人達もいる。また、古代の日本は古代の韓国と深い関係があり、古代日本と古代韓国の歴史が混合されていたり、当時の権力者によって、都合のよい歴史の書き換えが行なわれてきたことも事実である。中国の秦の始皇帝や韓国に見られる焚書事件、さらに中国の「史記」が、実は西洋の歴史の書き換えでしかないことが分ってきているように、真実の歴史が歪められてきていることは否めない。これらに関連して、日本の古代史も大きく書き換える必要に迫られる時が来ると思うが、これは今後の極めて大きな課題であると思われる。

私がこれから述べようと思う古代は、弥生時代の二千年ないし二千三百年前、水稲農耕が日本に齎されて、その当時日本列島に土着した日本人が、五穀の神を祀り、五穀の豊穣を祈った時代の民族生え抜きの思想というものを振り返ってみたい。

日本には二千三百年以前の文化は無いとこれまでいわれてきた。ところが戦後、神奈川県の夏島貝塚から出土した土器は、コロンビア大学の調査によると、放射性炭素の測定から、九千三百年前の土器であることが判った。九州の久留米市には二万年前の遺跡が発見され、大分県の別府の近くの日出町の早水台から出土した旧石器時代の遺跡は約二十万年前のものであり、さらに仙台の近郊では三十万年前の人間の生活した跡が見つかっている。

こうして従来の考古学的な定説が段々と覆されて、日本人はもっと古い民族であるという事が段々分ってきつつあるといえよう。

日本民族の起源については、北方系、南方系などといろいろ論争されているが、一般には北方系は朝鮮半島から北九州に上陸したもの、及び、やはり朝鮮半島より出雲に上陸した民族、それから南方より南九州に上陸した民族が主流をなして、これら民族が融合統一されて原始日本民族が成立していったものと考えられている。

先年血液学の泰斗であった東京大学の古畑種基博士の発表された、日本民族発祥の地に関する意見は、なかなか興味深いものがあった。古畑先生の説によると、血液型の分布状態の調査結果、日本、ビルマ、チベット、チグリス・ユーフラテス地方の血液型分布の共通性が判明、これによって、日本人の祖先はチグリス・ユーフラテス川流域から、東へ東へと移住して、チベットやビルマ、マレー半島を経て、日本に上陸してきたのではないかというのである。

日本のことを瑞穂の国というが、ユダヤでは日本の国をミヅラホの国と呼んでいるそうである。ミヅラホとは日出ずる国という意味であるから、日の神の信仰の原型がここにあるように思われるのである。

そもそも信仰と文字とは、その文化の重要な特質である。邪馬台国論争で有名な「魏史倭人伝」に伝えられる倭人、即ち日本民族の信仰は、フェニキア人の信奉したバアル教が、「卑弥呼」のいわゆる鬼道に連なり、それがやがて原始日本神道の発生に連なってきたと主張する学者もいる。それによると、バアル教の担い手であるフェニキア人の文字が、ソロモン王のタルシン船団によって、マレー半島に運ばれ、さらに、これが日本の九州北部に運ばれたのが、日本の原始神道の初期の姿であるとされている。これらが日本の皇室と深く結びつき、山紫水明の気候の恩恵と、時代の変遷、並びに深い体験を通して生長し、いわゆる宮廷神道となり、古神道となって今日に至っている。

2　宗教の変遷と民族性

ご承知のように世界の各国民、各民族は、古来からそれぞれ生え抜きの宗教を持ち、固有の信仰を持ち続けて来ている。

今日、日本には仏教徒が三千万人もいるといわれている。仏教は約二千五百年前、印度において、釈迦によって開かれた宗教であることは周知の通りである。

この宗教が支那に移り、さらにこれが日本に輸入され、奈良時代に隆盛となり、開花したのである。さらに鎌倉時代には栄西や道元、それから法然、親鸞などの宗教的天才達が輩出して、日本的仏教の円熟期を迎え、日本の神道と融合して永く神仏習合の時代となり、各地に神宮寺が建てられたが、明治維新になって、いわゆる廃仏毀釈の思想により、神仏分離が行われ、今日の仏教へと続いている。

この仏教の前身を成すものはバラモン教である。これは汎神論的多神教の精霊崇拝の宗教であって、この弊害が印度全土を大混乱に陥し入れていたのであった。この弊害から国民を救おうとして、お釈迦様は長年の修行の末、菩提樹の下で大悟し、仏教を開いたのであった。仏教は今日印度で滅びて日本で実を結んでいる。

印度四億五千万の国民の中、仏教徒は僅か二十万人、国民の七四％はヒンドゥー教徒であり、三千万人の回教徒がいる。このヒンドゥー教がバラモン教を復活させたものである。

バラモン教は今からおよそ五千年前、印度西北部および東部に居住していたインドアーリアン民族の中から自然発生的に形成されていった宗教で、さらにこのインドアーリアン民族は西域地方に居住していたウイグル族が南下して印度に住み着いたものと考えられている。また、キリスト教は周知の通り今から二千年前にユダヤにおいて、イエス・キリストによって創始された宗教である。これは、モーゼによって開かれた民族宗教の旧約のユダヤ教の中から脱皮して、世界宗教になったのである。そしてキリスト教は、今日二百八十数派に分れて世界の各地に滲透しており、日本にも百八十数派が上陸しているといわれている。

このユダヤ教は、バビロニアの文化を母胎として出現したものであって、バビロニアの首都バビロンとは神の門という意味である。バビロニア文化はさらにその源を尋ねれば、チグリス・ユーフラテス川の流域に栄えた、メソポタミア文明にまで遡らなければならない。

そこで日本民族の祖先については、前節で触れておいたが、縄文式文化を伝えた狩猟遊牧を主とした縄文人に対して、定住して農耕生活を始めた弥生時代には、農耕生活の実際に即して五穀の豊穣を司る神を祀り、太陽神を崇拝する統一民族として、一元的多神論の民族宗教を伝えてきたのである。

それが大陸から漢字の伝来により、日本古来の思想は惟神《かんながら》の道または神道と呼ばれ、前にも述べたように紀元七一二年に古事記、八年後に日本書紀が編纂された。これは、日本の神道思想、文化、国民性などを理解する上で欠くことのできない貴重な記録であるが、天地の創造から皇室を中心とする日本国家成立の起源を説いている。

古事記、日本書紀が編纂されて一千三百年、今日、日本全国には八万余の神宮や神社が存在して、日本固有の国民性を培う上に極めて重大な役割を果してきた。

「日本人とユダヤ人」という本の中では日本人は、一人残らず日本教の信者であると書かれているが、正しく、日本の仏教徒は、日本教の仏教派であり、キリスト教徒は、日本教のキリスト派にしか過ぎない。それらは全て日本化された仏教徒やキリスト教徒であって、純粋な仏教徒やキリスト教徒などは一人もいないというのである。

それ位、日本人の心の中には、意識の奥底深く、日本固有の民族思想が滲透しているのである。特に日本書紀には編纂当時よりさらに数千年前に遡る古い祖先の伝承を伝えているから、民族信仰の発展の姿を読みとることができる。四方海に囲まれ、四季の変化に富む山紫水明の国土の中に、自然と神と人間が素晴らしい調和を保って、自然も国土も人間も、神より生まれたものとして、自然と人間は同胞感的な関係に認識されてきている。

したがって、自然の中に神そのものを見、人間の中に神性を見てきたのである。だから、日本の神の中には天地創造の神を始め、自然を神として祀り、また歴史上の偉大な人間の霊を神として祀ってきている。外国渡来の神も祀られてきている。それから日本では、古くから人間が死んで五十年経つと人間の霊魂は神になるという信仰もある。

古来世界の各民族は、天地創造の神を想定して、キリスト教ではエホバの神といい、マホメット教ではアラーの神とよび、支那では天帝と称し、日本では天之御中主神と申し上げている。しかし、キリスト教のゴッドと日本の神とはその内容が大変異なるもので、一概に論じられないのは、前にも述べた通りである。

しかし、何れにしてもそれらは普通の意識状態では目に見えないが、目に見える世界に影響を与える偉力を持った聖なる実体ということになろう。

これらは原始時代の人類の祖先達が直観的に体験された生命の事実であるが、原始宗教を培った人間の意識の中には、恐怖心や不安が大きく働いていることが窺われるし、独断的迷信に支配されている面も、決して少なくない。雷や暴風や洪水などの自然現象を神の怒りと考え、病気や色々の苦難を神の冥罰としたり、悪魔の仕業と考えたりしている。

そして、これらの危険から生命の安全を守るために、いろいろな呪術が行われるようになり、これは普遍的に世界民族の間に見られる現象である。従来、この呪術をもって宗教と考えられてきたが、しかし、真の宗教とは決して呪術ではない。況や迷信や盲信ではない。

しかし、人間の意識は年代の経過と共に発達して、常識、理性へと精神的水準が高められてきた。

西洋において二千年前に開化したギリシャ文化は、キリスト教と共に長く西洋の文化、文明に大きな影響を与えてきたが、中世キリスト教神学は、神の権威の名の下に、政治に社会に、家庭に、教育に、宗教に、いろいろの弊害が蔓延《はびこ》り、人間の心は神の束縛の下に萎縮して、暗い希望のない生活を強いられてきた。

これに対して、十五世紀から十六世紀にかけて、イタリヤを中心として勃興したルネッサンスは、高々と人間の理性を謳い上げ、自由で伸び伸びした人生を求めて「人間は万物の尺度である」といわれたように、神中心の中世期の思想から人間中心の思想に転換されていった。現代のあらゆる思想はその源を辿っていけば、みなこの思想に連なっているといえよう。

ここに従来の観念的な宗教意識に対して、現実的な自然科学的な事実に基づいて、天地自然や人間を考えようとする傾向が、急激に一世を風靡し、自然科学的な発見や発明が相次ぎ、特に十九世紀以後の科学の発展は目覚ましく、従来神の仕業と考えられてきたことが、自然科学的法則に従った現象に過ぎないことが分ってきた。

物質の構造解明が進歩して、物質は百余種の元素から出来ていることが分かり、人間や動植物の生命現象も物理化学的法則に従っている現象に過ぎないということになってきた。生理学では、パブロフの条件反射という生命現象解明の手掛りが発見されて、機械的生命観が一世を風靡するようになり、一八四八年、マルクス、エンゲルスによって発表された「共産党宣言」によって、唯物論は澎湃《ほうはい》として世界に向かって滲透してきたのである。

マルクスは、最初はドイツの哲学者カントの先験的観念論哲学の信奉者であったが、大学時代、フォイエルバッハの思想に触れて、唯物論的思想を展開しはじめたのである。観念論から唯物論への橋渡しをしたのは、フォイエルバッハの有名な「キリスト教の本質」という本であった。フォイエルバッハはこの本の中で唯物論を展開して、「あらゆる神学は人間学である」と言って、神は天国の彼方にあるのではなくて、人間の心が画いたものでしかないと主張して、神を天国から地上に引きずり降ろしたのであった。

さらにマルクスは、「宗教は阿片である」として、キリスト教の犯した数々の罪悪、特に宗教裁判や、十字軍が宗教の名において民衆を塗炭の苦しみに陥し入れ、多くの人命が神の権威において犠牲にされてきたことを指摘している。

確かにマルクスがいうように、十字軍は宗教戦争の名においてその実は、一部の人々の経済的な私腹を肥すためのものであったり、キリスト教の教義に反するような自然科学的発見者に対して、これを異端者として非道な迫害を加えたりしたことも事実である。

しかし、マルクスのいう神とはキリスト教の神のことであり、彼のいう宗教とはキリスト教をさしている。だがキリスト教といっても今日、世界には旧教、新教の二大宗派に別れ、これらはさらに二百八十余派に別れて、その宗教的信条は千差万別、互いに自らの信ずる派の正当性を主張しているのが現状である。

まして況や、東洋、西洋に亘って世界の各民族はそれぞれの宗教とその伝統を引き継いできている。それにも関らず、キリスト教の一片鱗を言挙げし、宗教的現象の一面に拘泥して宗教の本質まで否定し去ったことは、大胆というよりむしろ滑稽である。それはあたかも、原子爆弾が多くの罪のない人命を犠牲にしたが、だからといって原子力エネルギーの開放そのものを非難するのと同じ愚論である。

何れにしても、宗教には神がなければ成立しない。したがって無神論の宗教などというのは、甘くない砂糖と同じく、厳密にいって宗教とは言い難いものである。

ただ、ここで断っておかねばならないが、あの世の存在を肯定する事をもって宗教と信じている人々が、今日の知性人といわれる人々の中にも少なからずいるが、これは真の宗教を知らぬものといわねばなるまい。

宗教を持ち、神を信ずるということは、老人や心の弱い藁《わら》をも掴みたい心理の人々の弄ぶ閑事業でもなければ、観念の遊戯でもない。宗教は本来決して空手形ではなく、人間の真に生きる道を教示し、智慧と力を与えるものである。

確かに十九世紀以来の自然科学の進歩は目覚ましく、特に二十世紀に入ってから第二次世界大戦を契機として原子力エネルギーが開放され、世界は原子力時代に突入してきた。コンピュータの開発は産業社会に大きな影響を与え、情報化社会は、様々な情報が極めて迅速に世界の隅々まで伝達されるようになり、現代社会の機構を根底から覆すようになってきている。

このように、合理主義に根ざした科学万能の時代が訪れたに見えるが、しかし、機械文明の驚異的発展の影には、個人的、また社会的矛盾と混乱が起こり、人間の生存にとって重大な脅威となる現象が続々として出てきている。

機械文明の長足の進歩、発展は、人間を機械の奴隷になり下らせ、人間性の喪失が叫ばれて既に久しく、人間の自己破壊的衝動は社会のあらゆる方面に、その弊害を露呈してきており、親子の断絶、青少年の非行、交通戦争、政治不信、精神病者の氾濫、兇悪犯罪の激増、公害問題など、そのどれ一つを取り上げてみても、早急に解決を迫られている重大な問題であるが、その何れも根本的な解決の糸口は全く摑まれてはいない。

未来学者の中には、人類は果して二十一世紀に生存し得るであろうかと真剣に心配している人もある程である。ハーマン・カーンにいわせれば、二十一世紀は日本の世界であるというが、このままでいけばバラ色の二十一世紀どころではなく、人類が生存し得なくなる危険性も孕《はら》んでいるのである。

ある社会学者は「世の中全体が大きく狂っている」と言っているが、一体何が狂っているのだろうか。人間の能力を飛び越えて機械が異常進歩をしてしまったために、人間は機械に対する信奉を深めると共に、自己破壊的衝動に拍車をかけ、世の中全体が生存競争の不安と恐怖に戦き、人間は憎悪と闘争心の渦の中に生存しなければならなくなり、自然と自己内面の、内外両面から重大な生存の脅威に曝されているのである。

本来、自然の子である筈の人間が、今日では市販されている食物すらも安心して食べることができず、「自然食」と銘うった奇妙な名の食物が食膳に供されるようになってきている。

「ソロモンの栄華の極みの時だにも、その装い野の花の一輪に及《し》かざりき」と言い、また「世界の富を我に与えるとも、生命を失わば如何にせん」と言ったキリストが、今日の人類の実状をみたら、一体何というであろうか。

死人を蘇らせ、盲をして目を開かしめ、水をブドウ酒に変え、水の上を歩き、無限の愛を説き、かつ実践したキリストに対して、今日の文化人は果して文明を謳歌し、我われの知性を誇り得るであろうか。

教会へ行って祈りを捧げた同じ手で凶悪な殺人兵器を造り、戦争という名において堂々と大量殺人行為を遂行しているのである。

科学技術と物質文明は確かに素晴らしい進歩を遂げているが、しかし、はたして人間それ自身は進歩しているといえるであろうか。今日の欧米における道徳思想は、ギリシャのアリストテレスの倫理学を超えていないし、今日の世界人類の実態は、モーゼの十戒に示された、殺すなかれ、盗むなかれ、偶像を拝むなかれという状態から、どれだけ進歩しているといえるだろうか。

それどころか、現代の人類は戦争を正当化して四千年前の何千倍かの大量殺人を行い、生命の何たるかを深く考える暇もなく、お金や物という偶像に執着して、これらの蓄積にのみ人生の幸福を見出そうとして闘争に明け暮れ、内心は戦々兢々たる現状を見る時、どうしても人間は進歩したとはいえないと思うのである。

社会学者のいう「世の中全体が大きく狂っている」というのも、所詮人間の心の在り方がおかしくなっているということである。このような矛盾と混乱に充ちた日本や世界の現状に対して、人間性の恢復ということが漸く真剣に叫ばれてきたのも決して偶然ではない。

3　日本人の幽冥観

ここで少し、日本人の幽冥観について触れてみよう。

我われ日本人の祖先は一体どのような霊魂観を持っていたのであろうか。人間の霊魂についてどのように考え、また死後の世界をどのように理解していたのであろうか。この問題は、「日本人の心のふるさと」を考える時に極めて重要な命題である。今日ではいろいろな外来思想の影響を受けている。仏教やキリスト教の影響はもとより、儒教や道教を始めとして、近代のいろいろな思想に至るまで様々であるが、いまここでは、固有の神道の立場から霊魂観を考えてみたいと思う。

古来、日本の神道においてはあまりにも死骸を嫌い過ぎたために、人間死後の問題を、一切を挙げて信仰の外に追いやってしまった観がある。人間は死ぬことによって肉体が朽ちはて、汚いものであるというのは、いうまでもなく太古からの考え方で、その証拠になるものは「古事記」などからも挙げることができるし、古代の天皇の皇居が御一代ごとに変ったのも、死の穢れを忌みきらったのが重要な原因をなすものと考えられている。

しかしそれと反対に、死んで残るものには大変清らかなものがあるという考え方も同時に示されている。人間の死後は自分のことを全く忘れ去り、子や孫など、現世に残る者の幸福をもっぱら考える時期であるというようにも意識されている。

少なくとも、我われの祖先はそのように信じてあの世に行き、目に見えない所から助けてやろうという計画を心の中に持ち続けていたのである。我われの祖先が何の屈託もなく、楽しく幽界に旅立つことができたのは、こうした計画が実現できると固く信じていたからであろう。

しかし、これまで幽界についての研究と関心には科学性が乏しく、平田《ひらた》篤胤《あつたね》や宮地《みやぢ》厳夫《いづお》氏などをはじめ若干の人々はいたが、この問題は確かに日本神道の研究に欠けていた一面であると思われる。

人間の死と、あの世の関係、人間の霊魂の行方の問題、こうした人間にとって最も切実な疑問を無視して過ごしたとは、到底考えられないことである。

例えば、「日本書紀」の伊弉諾尊が崩御された項に、「神功《かむこと》既に畢《お》えられて、天に登りまして報命をされた。依って日之少宮《ひのわかみや》に留まり住まれた」ということが書いてある。

この「日之少宮」の問題や、伊弉諾尊の御行方についてどのように理解したらよいのか。また「古事記」には大国主の神が少名彦の神と協力して国土経営に当たられたと書かれているが、この少名彦の神様がその後、熊野から「常世の国」へと渡って行ったと書かれているが、ここにいう「常世の国」とは一体何処だろうか。古来よりいろいろの説が述べられているが、今日に至るまで決定的な結論は出ていない。

これらの問題を解く鍵は果して発見できるであろうか。多くの人々は、それは解ける筈がないというのが、これまでの結論であった。しかし、私はある程度まで明確にすることができると思うのである。またこれを確実な証拠をもって裏付けながら、その真相を解明しようとするのが日本の民族学の立場である。

そこで、日本人の幽冥観を探る一つの方法として、彼等が死体をどのように処理したかということ、即ち墓制の問題がある。

中国の漢民族の場合でも、またエジプトのピラミッドの場合でも同じように、それぞれの民族が墓場をどのように造っているかを調べることによって、我われはその民族の霊魂観の一端を知ることができるのである。

4　日本独特の両墓制と先祖供養

古墳時代のことは、考古学の発掘によって次第に明らかにされて来ているが、仁徳天皇の御陵に見られるような前方後円といった大規模のものは王侯貴族のものであって、多分に中国や朝鮮などの大陸文化の影響を受けている。したがって、これが日本民族の全ての埋葬法であるとは考えられない。権力も財力も持たなかった一般の日本人は、一体どのような葬り方をしたのであろうか。

ここに、いわゆる「両墓制」の問題があった。即ち埋葬地と祭地に二種の墓地が存在することに注目しなければならない。両墓制というのは、死体を埋葬した所に造ったお墓と、その他に別の所に石塔を建てて祭るお墓とこの二つが同時に建てられるという様式である。この二つは地方によっていろいろの呼び方があるが、前者を「埋め墓」、後者を「詣《まい》り墓」と呼んでいる。

本来、埋め墓一つで十分こと足りる筈であるのに、どうしてわざわざ別に詣り墓を建ててそれを拝む必要があったのであろうか。この点について特に考えられるのは、我が民族が遺骸の穢れを強く忌み嫌い、この遺骸を遠く避けながらも、その死者の霊を迎えて祀ったというように、二つの考え方を持っていたということがいえる。

このことは、単に両墓制の行われる地域だけの問題ではなく、広く我が国に見られる「弔い上げ」

の習俗をみても納得されるところである。人が亡くなって普通は三十三年、希には四十九年あるいは五十年の所もあるが、その年忌に当たる年に「弔い上げ」と称して、最終の法事を営み終えると、その日をもってその人は先祖になるという考え方が一般に行われている。

旧家では祖霊を祀る棚と神棚があって、この三十三年忌の時、祖霊の位牌の文字を削り取って、それを神棚に納める風習があるそうである。祖霊への供物は生ける人に物を勧めると同じ気持であるのに対して、神棚には毎年二度の収穫祭の時に精進料理を供えるというから、本州で行う春秋二度の氏神祭、先祖祭と全く同じ意味を持っていることが分かる。これは日本民族が共通の霊魂観、祖霊観を持っていたことを示すものであるといえよう。

死者は一定の年月を過ぎると個性を捨て、融合し、一体となり、祖霊として意識されるようになってくる。しかもこの祖霊は、はるかな幽界から時々この世に来て、その子孫を照覧するとされている。お盆やお正月の先祖祭、御霊《みたま》祭、村の氏神祭なども皆こうした性質のものであって、人間の霊魂は皆このように現界と「あの世」とを往来しながら、限りなく存在するものと信じられていた。これが我が民族固有の信仰の、一つの姿を示すものであることに注目しなければならない。

5　海上楽土と日の神信仰

日本人の幽冥観を明らかにする上で、大きな暗示を与えてくれるのが沖縄本島の伝承である。沖縄においては太陽信仰が顕著であり、日本神話における高天原に相当する神聖な場所は、それが蒼空ではなくて、むしろ日の昇る所に観念されている。

ここで常世の国と日の神の信仰を考えてみたいと思う。「日本人の心のふるさと」は伊勢であるが、伊勢の信仰は書紀の記載などをみても、皇祖という点に力を入れてきたと思われ、日の神としての信仰の点が殆ど残っていない。ところが、沖縄の民族信仰は、はっきりと日の神信仰の痕跡を留めていることが分かる。

ここで伊勢信仰を問題にする場合、どうしても日の神信仰の原初形態を明らかにしなければならないと思う。即ち、日本民族の日の神信仰はどうであったか、そしてその後どのような変遷があったかについてである。

古代の史書によれば、用明天皇は即位後、すぐに詔して酢香手姫皇女《すかてひめのみこ》をもって伊勢神宮に遣して、日の神の祀りに仕えさせられ、この皇女はその後、推古天皇の世に及ぶまで日の神に奉仕したことが記されている。

今日、日本列島の隅々に残された田舎や離れ島の伝承に見られるように、古事記や日本書紀などの存在を知らずに分散して住んでいた人々の中に、常世の国など海上楽土の存在を信ずる人々が、予想以上に多いことが明らかにされている。

海上楽土の信仰こそ、おそらく古事記神代巻などが編纂された千二百数十年前よりも、さらに遥か以前から、この東方の島々に広く分布されていたに違いない。海上に楽土を求めた沖縄の民族信仰もまた、日本の古典に記された常世の国も、同じものを指し示していると考えられる。

高天原の存在は、こうした楽土を東方に求めた日の神信仰に基づく考え方から生れたもので、その日の神信仰が成長して天の信仰へと発展したものと考えられる。

海を故郷と観念したこの国の人々、我われの祖先は青垣山の摂り廻らす大和の国に住むようになってからも、絶えず海を懐かしみ憧れたのであろう。浦島太郎の伝説、少名彦命が国土経営の功を終え、熊野の御埼から常世の国へ赴き、そこで永住したという神話などもそのことを示すものといえよう。しかも、常世の国への交通は太平洋岸と結び付いているものである。日本の本土に住む人々も、また南方の島々の人達と同じく、日の出る方を本つ国、清い霊魂の行き交う国と信じていたに違いない。

伊勢の信仰が、このような海上楽土の考え方、東方浄土観や、日の神信仰を基盤として成長して行ったことも頷《うなず》かれるところであるが、伊勢を「常世の国の重浪《しきなみ》寄する国」として、そこに朝廷の祖霊と観念される偉大なる神の鎮座を請い給うたという古伝は大変意義深いものがあると思われる。

しかし、この伊勢神宮はもと奈良県の笠縫邑《かさぬいのむら》に鎮座していたものを、日本武尊の叔母にあたられる倭姫命《やまとひめのみこと》が、ご神命のまにまに今の五十鈴川の辺《ほとり》に遷宮されたと伝えられている。

本居宣長は「敷島の大和心を人問わば、朝日に匂う山桜花」と詠んで、日本人の心の潔さを称えているが、この「敷島」という大和の枕言葉は、敷島という地名が大和の国にあったからの故であることは、周知の通りである。邪馬台国が九州説と畿内説に別れて学者によって論争されているが、その何れが正しく、何れが間違っているかはともかくとして、大和の国が日本人の心の郷愁を誘う一つの霊地であることは間違いないといえよう。

6　日の神と山の辺の道

先にも述べたが、ユダヤでは日本の国をミヅラホの国と呼んでいるそうであるが、ミヅラホとは日の出る国という意味であり、日の神の信仰の原型がここにあるように思われる。沖縄の日の神信仰については少し触れたが、アジア大陸の東の果てに位する日本は、大陸に住む人々からすれば、朝日が東から昇る時、丁度日本から昇るように感じられるのも無理からぬことであろう。

この日の神信仰の思想については、古代において、単なる天文学的な太陽に留まらず、自然界の太陽を指しながら、自然界の太陽の奥に、幽玄な世界の太陽を信仰する心が芽生えていたことは確かであり、これは我われの遠い祖先が永い年月に亘る生活体験から抽出された、いわば生活の智慧ともいうべきものである。

日本の国旗は太陽を象徴したものであるが、この太陽を象った旗が国旗として使用されはじめたのは、徳川時代の末期、徳川斉昭が、日本を訪れる外国船が国旗を掲げているのに刺激され、国家意識を昂揚する意味で、日章旗を国旗として使用したといわれている。

しかし、日章旗はそれ以前、室町時代にいわゆる御朱印船にも使用されており、日の丸の旗の由来はもっともっと古く、太古の日本に遡らなければならない。

何れにしても、日本の国旗は世界に誇るべき素晴らしい国旗であり、日本はやはり太陽の国であり、日の本の国である。

最近、太陽の道として話題を呼んでいる奈良の大神《おおみわ》神社、笠縫邑、檜原《ひばら》神社などのある「山の辺の道」も、また古代の「日本人の心のふるさと」を訪ねる時には、忘れることのできないところである。

最近、飛鳥の遺跡の保存問題も大きく取り上げられているが、奈良には日本で一番古いといわれる大神神社が鎮座されている。ご祭神は大物主神で出雲の神様であるが、海抜僅か四百十米位の低い円やかな青垣山の頂上に祀られている。

この三輪山全体が神体山として信仰され、拝殿のみで、ご本殿もなく、古来、この神山は禁足の地

和歌山市にある日前国懸神宮《ひのくまくにかかす》

で何人も立ち入ることが出来なかったのである。その伝統は今日にまで踏襲されてきている。

ジュネーブ大学教授であったエルベール博士は、日本の神道は「日本人の心のふるさと」であり、神と自然と人間とが見事に調和されていると讃歎しているが、自然を大らかに肯定しつつ、自然を在らしめている現象の背後に、生命の根源を直観した古代の日本人は極めて純粋で、しかも大らかで、天真爛漫な心の持ち主であったと思われるのである。

イギリスの歴史学者アーノルド・トインビー博士は、日本神道を評して、「非人格的自然を通しての実在崇拝である」と言っているが、これは簡潔に神道の真髄を表現したものといえよう。

それはともあれ、畝傍、香具、耳成の大和三山が青垣なして遠くに見えるのどかな大和平野に、古代の我が祖先が天地を謳歌しつつ、豊かに大らかな心を培っていったのも、決して偶然ではないと思われる。

日本最古の道として知られる「山の辺の道」は、この大神神社の南、金屋の里から天理市の石上《いそのかみ》神宮へ通ずる道である。この道は昔、大和平野が湖であった頃の湖岸の道であるといわれている。万葉の歌人、柿本人麻呂も幾度となくこの道を逍遥し、数々の歌にその道の情景を謡い上げている。

「山の辺の道」の終点ともいうべき石上神宮は、ご祭神が布留御魂《ふるのみたま》の大神であり、布都御魂《ふつのみたま》の剣をご神体としている神宮である。これは神武天皇が大和平定の時、熊野路において長髄彦により苦戦された時、武甕槌神《たけみかづちのかみ》が神剣を降されたと伝えられる神剣である。茨城県の鹿島神宮所蔵の国宝の神剣、布都御魂の剣は、この神剣を模して今から千三百年前、飛鳥時代に鹿島の砂鉄を鍛えて奉納したものと伝えられている。

武甕槌神は、周知の通り、天照大御神のご神命を拝して出雲に天降られ、大国主神と国譲りの交渉にめでたく成功され、日本原始国家の成立を達成された神様である。この「山の辺の道」は、武甕槌神と大国主神との国譲りの神話への道であり、我われを日本民族の心のふるさとへ導く道でもある。

今日その武甕槌神は出雲の国譲りの偉業を達成せられて、常陸の国、太平洋の黒潮が打ち寄せる鹿島灘のほとりに永久に鎮座されておられる。まことに奇しき因縁といわねばならない。この「山の辺の道」は出雲と鹿島を結ぶ神話の道であり、「日本人の心のふるさと」への道でもある。

日本の歴史を繙く時に、大化の改新や建武の中興、明治維新をはじめ、我が国の歴史的偉業を成し遂げるにあたって、常に常陸の国が偉大な役割を果たしてきたことを顧みるならば、その背後に鹿島神宮の大神のご神慮の発動が洞察されるのであり、その絶大な慈恩の前に感謝と感激の心を新たにするのである。

7　日本のふるさとと伊勢

スイスの比較宗教学の権威で、ジュネーブ大学教授であったジャン・エルベール博士は私の古い知人であったが、日本に十回以上も来られて、日本の神道思想の研究を行い、「神道―日本の源泉」という本を著して、神道思想を欧米に紹介した学者である。

私が、「どうして日本の神道思想を研究する気になられたのか」と、その動機を尋ねると、エルベール博士は、「自分は世界の八十五ヵ国を歩いてみて、日本程いい国はないということが分かった。けれども日本人は日本の良さに気付かない。インドという国は、かつて世界から虐げられた国であった。それは民族の生え抜きの思想、即ち仏教思想というものが世界から理解されなかったからである。それで私はインドに来て三年間各地を廻り、いろいろな修行をしながらインドの思想を学び、そして、インドの仏教思想を外国語に翻訳して欧米に紹介した。そのためにインドは今日、世界から非常に高く評価されるようになった。日本は経済大国になったといっていい気になっているが、世界八十五ヵ国を具《つぶさ》に歩いてみて、決して日本人は自分が威張る程世界からは高く評価されていない。

それは何故かといえば、日本民族生え抜きの思想である神道思想というものが、世界から正しく理解されていないからである。自分はかつて伊勢神宮に参拝してその荘厳さに非常な感動を受けた。この伊勢における感動は、世界のいかなる霊地を歩いてみても得られなかった感動であり、そこには、もはや、仏教とか、キリスト教とか、回教とか、そういう宗教上の対立は全くなく、そういう思想が大らかに包容され、融合されて、自然と神と人間が美しく調和している。

これは欧米の合理主義的思想の中からは見い出せないものであり、将来の世界人類の福祉に欠くことの出来ない、貴重な何かが、日本思想の中にあることを知ったからである」と述べられていた。

さらに、「伊勢は人間が本来の自分を取り戻す場所である」とも述べている。またアメリカ一流の女流心理学者のジナ・サーミナラ博士も伊勢に参拝して非常な感動を覚えたということをいっている。

伊勢は何といっても今日の「日本人の心のふるさと」であるといえよう。前述したように伊勢神宮の元は今日、大神神社の摂社檜原神社であるといわれ、笠縫邑は元伊勢と呼ばれている。大和はやはり伊勢のふるさとであるということになる。

伊勢神宮は倭姫命《やまとひめのみこと》がご神命を奉じて、現在の五十鈴川の辺に、改めて奉斎して、八咫鏡《やたのかがみ》をご神体として、皇祖天照大御神をお祀り申し上げたことは周知の通りであって、約二千年の歴史を持っているのである。

天照大御神は皇祖であられると共に、日の神であられる訳で、これは日の神を信仰した皇祖の大婁女貴尊《おおひるめむちのみこと》が、日の神と融合合体して神格を得られ、天照大御神となられたと拝察されるのであるが、これは釈尊が修行の結果、大悟徹底して仏陀となられたのと同じ道理と拝される。

ともかく、伊勢は本来皇室の御社であるが、皇室と国民との有機的な心の結合が緊密になるにつれて、国民の止むに止まれぬ心情から伊勢の大神を尊崇するようになったことは否めない事実である。

「何ごとのおわしますかは知らねども、忝《かたじけな》さに涙こぼるる」と西行法師は五十鈴川のほとりから伊勢神宮を遙拝して、その感激を詠み残しているが、その当時の国民の心情を代表するものであろう。

江戸時代にも「お蔭詣り」と称して、数ヵ月の間に数百万の民衆が伊勢に参拝しているのも素朴な庶民の感情を吐露したものといえよう。

大東亜戦争の終結の時、今上天皇は、明治天皇の偉業を篤く敬慕され、皇祖皇宗のご加護を頼りにせられ、「四方の海皆はらからと思う世に、など波風の立ち騒ぐらん」という明治天皇の御製を朗誦されて、終戦のご聖断を下されたと拝承しているが、これは今上天皇が明治天皇の大御心を受け継がれ、明治天皇の大御心を心とされていたからに外ならない。その偉大な明治天皇は聖徳太子の偉業を非常に尊崇され、常に伊勢の大神を篤く崇敬され、政務ご裁可の時は常に伊勢の方に向って正座遙拝され、瞑想ののち、皇祖のご神意を奉じてあるいはご裁可になり、あるいはご裁可にならなかったと

伊勢内宮裏荒祭宮の前にて

承っている。ところが、その同じ時刻に、伊勢の内宮において、たびたび神異現象が起きたと伝えられているのである。

また、明治天皇は伊勢の八咫鏡を御覧になられた時、神異現象を体験され、「この鏡は拝むべきものにして、見るべきものに非ず」と仰せられて、以後拝観することの出来ないように封印されたということである。

明治天皇は「我が国は神の末なり、神祀る昔の手振り忘るなよゆめ」と深く戒めておられるのである。

前にも述べたように、日本を訪れたことのあるイギリスの歴史学者、アーノルド・トインビー博士は、一九六七年十一月二十九日に伊勢神宮に参拝して、その時の印象を日本のある人に手紙で送ってきている。

それによると、「私は伊勢神宮に参拝して霊的実在と一体化しよう、融合しようとして真摯に祈りを込めている人達の姿に感動した」と書いている。トインビー博士は伊勢神宮ご参拝の際、内宮の芳名簿に「この聖なる場所こそ、世界のあらゆる宗教が根本的に融合統一された場所である」と筆で書き記していることはよく知られているところである。「伊勢にこそ本当の人類の宗教の原型があらゆる宗教が融合された宗教の真の姿がある」と言っているのである。

去る昭和四十八年十月二日、伊勢神宮の内宮に於いて、第六十回御遷宮式が、鷹司斎王宮が祭主となられ、常陸宮正仁親皇、同妃華子両殿下ご臨席の下に、厳かに執り行われたことは、既に周知の通りである。私は神宮司庁よりのご招待により、全国二百二十三人の参列員の一人として、内宮の神域深く侍り、ご遷宮式に参列の栄に浴する機会を得た。祭事は常闇の中で、午後八時から行なわれ、御神体の御鏡が、新宮に遷御され、ご遷宮式が無事終了したのは、丁度午後十時頃であった。人の気配も遠のき、ご神域に静寂が再び訪れた頃、私は独り新宮の前に額づいたが、その時、太陽のように燦然《さんぜん》と輝く霊光の中で体験した極めて神秘な現象は、私の終生忘れ得ない感激となって、今日まで続いているのである。

8　三種の神器と神性の開発

皇位継承の御印《みしるし》として古来日本に伝わって来ている三種の神器について述べてみよう。

三種の神器とは、前述の伊勢神宮のご神体として内宮に奉斎されている八咫鏡《やたのかがみ》と、熱田神宮の草薙剣《くさなぎのつるぎ》、及び賢所に奉安されている八尺瓊勾玉《やさかにのまがたま》の三種の宝物であることは周知の通りである。

古来この三種の神器の意味するものは、知・仁・勇とか、天・地・人とか簡単に解釈説明されてきているが、これはそんなに簡単なものではない筈である。

まず八咫鏡であるが、これは太陽の光が八方に輝く姿を象ったものである。鏡とは仮の神という意味ではないだろうか。古代人にとって燦然と輝く太陽は神であり、太陽の光を映す鏡は仮の神である。そして森羅万象の仮の姿を映すものである。

太陽を日の神と仰ぐ古代人達にとって、鏡の中の太陽はまさに日の神そのものであった。

鏡の中に日の神を見たのである。

太陽の帝国として知られるインカの遺蹟を調べてみると、国王の座の前に鏡があり、その鏡に映った朝日が、国王に完全に当たるような角度に据えてあったといわれている。これは国王が鏡の中の朝日を凝視しながら礼拝をし、また修行をされたものと考えられる。

我が国の八咫鏡もまた、このような宗教的意義を持っているものと考えられる。人間が鏡に向かう時に、人間の仮の姿を映しだす。鏡をご神体として拝む事は、決して物質的な鏡を拝む事ではない。鏡の中の己の姿を拝むのである。鏡の中の己の姿が、神として拝まれるためには、己自身が神の姿を現じていなければならない。「その身を以て神の栄光を現わす」ということである。

体は心を表わすというが、己自身を見て荘厳さを感じぬならば、自らの心が神と合一していない証拠である。人間は他人の姿は見えても自分の姿は見えない存在である。したがって仮の自分の姿を通して、実際の自分を知るのである。鏡の中に映る己を拝むには拝まれるに相応しい実体がなければならない。そのためには自らが宇宙生命に連なり、弛みない自己脱皮を通して、常に無限の進歩向上を行っていかなければならないのである。

真・善・美を顕現していく最も生命力に溢れた、創造的生活態度こそ神道思想である。伊勢の御鏡は、天皇が御鏡の中の自らのお姿の中に、皇祖天照大御神のお姿を拝することができなければならないのである。したがって、天皇は常に皇祖天照大御神のご神意を奉じ、大神とご一体でなければならない。鏡の中の天皇は自らのお姿を通して、皇祖天照大御神を拝むことであり、そこに天皇の生命の新生が行われ、皇祖と天皇は常に一体となり、有機的に結合されなければならないのである。これが現つ神《あきつかみ》であり、現人神《あらひとがみ》である。天皇は神聖開顕の実存者である。したがって、日本の神道は、従来指摘されたような偶像崇拝ではなく、創造的生命の道である。

次に、剣は権威や決断の徳を象徴するものであるが、また同時にこれは天の川を象徴したものと考えられる。俳聖芭蕉が、「荒海や佐渡に横たふ天の川」と詠んでいるように、澄みきった夏の夜空に天空を圧して氷のように冷厳に煌《きら》めく天の川の威厳は、斉しく古代の我われの祖先が、我が物としたいと抱いた願望であったに相違ない。数年前私は五月の末、終日五月晴れに晴れ渡った雲一つない日本晴れの一日を、富士の霊峰の麓《ふもと》で過ごし、その夜、山麓のホテルに一泊した。夜空に煌めく無数の星を眺めた時の感激は、終生忘れ得ないものであった。澄み切った夜空に天空を圧して走る天の川の冷厳な威容は正に天界の名刀であり、霊剣に思われる。古来、洋の東西を問わず、星は人間の運命を支配すると考えられ、古代エジプトにおいては占星術が発達して、星座の位置の変化が、人間の運命に重大な影響を及ぼすものと信じられていた。

次に八尺瓊勾玉《やさかにのまがたま》であるが、八尺というのは長さを意味するとともに、弥栄《いやさか》のほめ讃えの意味を込めたものである。瓊は赤いという意味であり、敬愛の情を表す言葉である。勾玉は真我の魂ということであり、自分の心の奥底に宿る燦然と金色に輝く真我の霊魂であり、八尺瓊勾玉は正しくは八尺瓊の五百律《いほつ》の御統《みすまる》の玉と呼ばれるように、三百六十五の勾玉が連ねられているといわれ、この三百六十五という数字は一年を意味し、日月の運行を示すものと考えられる。

日々新たに、霊魂の新生を目指して修行をつみ、澄みきった統合された精神たらんとの誓願を秘めた、無限進歩向上の創造的生命力に溢れた生活態度を象徴するものと拝察されるのである。

この三種の神器を通して、修行し、体得された心境こそ、「天地万物我がために保つ」と我が古神道が言い放っているように、神と自然と人間の完全な調和が具現され、天神地祇とともに語り、山川草木とともに笑うという自由闊達さを具現し、この広大無辺な天地の万物は、山川草木に至るまで永遠の昔から、神様が自分唯一人がこの世に生まれて来るために用意されていたものであると、実際に体感し、感動の極地を体得されるのであるが、この境地こそ正に釈尊が「天上天下唯我独尊」と叫んだ境地であり、キリストの「われ天地創造の神の独り子である」との境地である。伊勢の御鏡の裏にはこの真理を表現した言葉が記されていると拝察するのである。

我が国の古神道が惟神《かんながら》の生命道であるといわれる所以が明らかになってきたと思われるが、我われが真に心身の修練を積んでくると、いわゆる臍下丹田に太陽のような燦然たる光を体験して、生命の躍動を覚えるものである。

これを日本では古来直霊御魂《なおひのみたま》と呼び、この修練のために、「鎮魂《たましずめ》」と「魂振り《たまふ》」の二種類の修行の方法が伝えられて来ているのである。

9　純潔を尊んだ祖先

「たましずめ」とは、日本の古い言葉で、いわゆる鎮魂ということであるが、日本古来の深い精神統一の方法である。今日では、この鎮魂の正しい方法を知る人は日本人の中でも非常に少ないようで、座禅に頼る人が多くなってきている。ところが上代では、一般庶民の間でもこれを修行する習慣ができていたと思われるのである。

前にも述べたように万葉集の中に、「魂は朝夕《あしたゆうへ》に魂ふれど、我が胸痛し恋の繁《しげ》きに」という歌がある。ご承知の通り、万葉集は四千五百十六首、上は皇室から下は庶民に至るまでの、いろいろの歌を取り混ぜて編纂されたもので、我が国古来の文化思想を研究する上で貴重な文献であり、世界人類に対して日本の誇るべき遺産であることは既に認められているところである。

その万葉集の中にこの歌があるが、意味は「鎮魂をして朝夕に精神統一をして、精神の修練を心掛けているけれども、あまりの激しい恋心についい心が乱れてしまう」という意味で、情熱的な恋を歌いあげたものである。これによっても、この当時、鎮魂を修する習慣が一般庶民の中に浸透していたことが十分に窺われると思う。

古来日本には極めて深い精神統一の方法に、「たましずめ」と「たまふり」の二種類があった。茨城県の鹿島神宮に伝えられている方法と、奈良県天理市にある石上神宮に秘伝として伝えられている方法とがその主なものである。

石上神宮の場合は、古来、宮司から宮司にだけ伝承されるだけで門外不出であったが、戦後はごく限られた少数の関係者にのみ、その秘伝が伝授されることになった。前にも述べたエルベール博士は、この秘伝を伝授された戦後最初の外国人である。

神道思想はこの鎮魂を通して体験された、無限次元に亘る神の認識と宇宙における人間の位置の自覚であり、宇宙的生命との合一である。

この惟神《かんながら》の宇宙的秩序を忘却したために、今日、日本は思想的に完全に行き詰まっているのである。

聖書の創世記には人類の始祖であるアダムとイブが、全知全能の神の掟に違反して、智慧の樹の実を食べたと記されている。エデンの花園には「智慧の樹」のほかに「生命の樹」があった。惟神の道は、生命の樹の道であり、生命の神秘を開扉《かいひ》する生命の道であるといってよい。

10　仏教と深層心理

二十世紀最大の心理学者といわれるスイスのユング博士は、仏教、特にヨーガの研究をして、人間の潜在意識の研究を目指す深層心理学に不滅の功績を残した人であるが、彼はかつて、「人間の救いは東洋にある」と断定して、世界の学会を驚かせたことがある。

そもそも精神分析の創始者フロイトによって、深層心理学、即ち人間の潜在意識の存在が少しずつ解明され始めたのは周知の通りであるが、フロイトは「幻想の未来」という本を著して宗教の必要性を否定している。しかし、フロイト的な考え方が単に人間心理の分析という段階に留まって、我われの生きている世界全体、物質世界をも含めた世界全体と、深く繋がっているという面が軽視されている限り、それはまだ不徹底で一面的な見方である。

この点、ユングは、人間の深層意識は単なる合理性では到達できない、霊的領域の存在を示し、相反する精神病理学と宗教に一つの調和点を与えて、深層心理学による宗教的実存の解明をしたのである。

仏教思想では、昔から我われの五感の外にマナ識、ムク識とよばれる深層意識の存在を指摘している。

アインシュタインは、「宗教なき科学は不具者であり、科学なき宗教は盲目である」と言っているが、そもそも宗教とは、人間の霊力に基づく、宇宙における人間の位置の哲学であると定義するならば、従来の自然科学と宗教が互いに敵視しあう態度は時代錯誤的であり、自然科学の飛躍的な進歩を期待するならば、人間の深層意識における霊的宗教性の本源を究明し、開顕することなしに、これを実現させることは不可能であろう。

従来の宗教を自己脱皮して、宗教改革が行われなければならない時である。

今日社会の各方面から熱心に要請されている創造性の開発も、また真の人間性の恢復も、この人間性の中枢に実存する、宗教的霊性に目覚めることなしには、決して期待できないであろう。

これを実現するためには、どうしても人間自身の革命が行われなければならない。それは正に希望に輝く精神革命である。

ところで、ヨーガがいま盛んに持て囃されているが、本来ヨーガとは、「軛《くびき》をつけること」で、魂が持っている様々の衝動、苦しみ、欲望に統制を加えることである。ヨーガの目的は、人間をこの現世に繋ぎ留めている諸々の力を支配することにある。

仏教は、学問的にはとかく無神論的に捉えられがちな宗教であるが、ある種のヨーガ教典は、いわゆる有神論的仏教の系統に属するものである。この仏教の教説の中心は、アーディ仏陀（第一仏陀）ないしはマハー仏陀（大仏陀）即ち原仏陀で、この原仏陀から五人のドウフヤーニ仏陀またはドウフヤーニ菩薩が生まれてくるものとされている。

この五人の中の一人がアミターブハ（阿弥陀仏＝無量光の意）で、無限の光をもった夕日の意味の仏陀であり、至福の国、即ち極楽の主である。歴史上の実在の仏陀たる釈尊が現実の世界の教師であるとすれば、この阿弥陀仏は現実の世界の保護者である。

ヨーガの行者は深い瞑想を通して、仏陀の精神を認識することができるとされている。仏陀の精神と呼ばれるものは偉大なる慈悲であり、仏陀は広大無辺の慈悲によって万物を包含するといわれる。

この種の瞑想を仕遂げた者は、死後、仏陀の立会いのもとに、再び別の生に生れ変り、この第二の生誕に続いて起こるであろうあらゆる出来事に対処すべき悟りの心を獲得するであろうと信ぜられ、それ故叡智を持っている人々は、この阿弥陀如来についての慎重な瞑想を、凝らさなければならないことになっている。

インド思想の中で特筆すべきことは「輪廻」の思想である。即ち人間の霊魂の生れ変りが行われるという考え方であって、キリスト教の中にはこのような思想は存在していない。ただし、キリスト自身は、輪廻の事実を知っていた筈である。それはともあれ、人間は肉体の消滅後にも霊魂、即ち、純粋な人格的精神の存続することを信じ、さらにこれが永く生れ変り、死に変りながら進化向上の道を辿るという思想である。

これは唯物論的な思想からすれば、全く荒唐無稽な原始時代の思想的遺物として、いわゆる近代の知性人からは永らく顧みられなかった。だが最近の欧米における深層心理学の究明により、決して、単なる迷信として放置しておけない事実が、いろいろと明らかにされてきたのである。

例えば、アメリカのマーフィーなどのごとく、催眠術による「年齢退行現象」によって、前世の記憶を甦らせたり、一九四五年に死亡したアメリカのバージニア・ビーチの奇蹟の男と呼ばれた、エドガー・ケーシーにおけるフィジカル・リーディング及びライフ・リーディングと呼ばれる、彼の無意識下における言葉の指示によって、現実的病気、その他の困難な問題の解決をしたり、また現実生活と前世との関係における物的証拠の一致ということが、彼の口から述べられた二十年間に亘る永い年月のデータを、アメリカ一流の専門の心理学者ジナ・サーミナラ女史が、キリスト教的思想の中に生活しながら、多年に亘り丹念に調査した結果、「輪廻」の事実の存在を確認している。また西洋においても、この方面の研究を続けている学者が少なくない。

このような現象について、私自身も少なからぬ体験を持っているし、また古今東西の文献的事実をいろいろと承知しているが、このような霊魂の存在及び輪廻の思想は、従来の自然科学的な視野からすれば、合理的な説明の出来ない問題として、迷信的な思想として敬遠されてきたが、深層心理学や超心理学の指頭により、科学的にその存在の可能性の究明への接近の道が開かれてきた訳である。一度は科学の前に死に果てた古い真理が、最近の高度の科学の光に照らされて、再び甦ってきたのである。

11　神話は文化の黎明

ドイツの哲学者エルンスト・カッシーラーは、「神話と言葉とは原始時代に生まれた双子である」と言っている。またドイツを代表する実存哲学者マルチン・ハイデッガーは、「言葉は存在の家なり」と言っている。

ここにいう存在とは、結局「原始的生命」のことであり、それが言葉の中に宿っているというのである。言い換えれば、言葉の本質をどんどん究明していけば真理に到達できるというのである。

古来、日本では「言の葉の幸きはう国」とか「惟神《かんなが》ら言挙げせぬ国」とかいわれ、言葉の持つ神秘性を特に重要視してきたのであるが、ハイデッガーの思想もこの日本の思想と相通ずるものがあると思う。

現実を肯定しつつ、現実と幽玄とを矛盾なく融合して、立体性と平面性とを調和せしめる日本の人間観は、近代西洋の平面性しか持たない人間観よりも、遥かに優れていることを学問的にも再認識すべきである。

敗戦後ＧＨＱは、日本歴史を独立したものとして取り扱わず、社会科学の中に第二義的に入れてしまった。戦後の日本歴史の教育をみると、いわゆる科学的研究のみを偏重している。即ち、考古学的立場のみを強調して、我が国民精神の根源的主柱である、我が国固有の民族精神を抹殺しようとしていたのである。

戦後長い間、日本の神話教育は廃止され、最近になってやっと復活してきたばかりである。しかし、安易な神話教育は、再び過去の過ちを繰り返す危険が無しとしないのである。我われは科学的な冷厳な理性を踏まえながら、伝統的な民族生命の源泉を探らなければならないと思う。

神話は極めて未開な民族の単なる妄想や独断ではなく、永い年月に亘って創り上げられてきた民族の夢であり、民族の生活の現実と理想を象徴化したものである。

また、スイスのユング博士は神話を「人間思惟の象徴的大原型」であると述べて、神話は精神的現実の深層面を開く鍵であると言っている。西洋の学会の先端に立っている深層心理学は、十九世紀的な古い心理学が取り扱わなかった霊魂の問題を掘り下げて、人間の意識の深層面を探求しているのである。

この観点からみると、人間の宗教的霊性を否定する無神論的唯物主義は、時代遅れの一つのイデオロギーに過ぎないのである。

霊魂は西洋の心理学者が「サイキ」と称するものに相当すると考えられる。彼等の説くところによれば、無意識層の根底である「サイキ」は、合理性では到達できない領域であり、それは表面的な個人的人格を裏面から支えている形而上学的実体である。これは西洋の画期的学術革命ともいえるものであり、しかも、その傾向が日本の神道に近いことは、大いに注目すべきことである。

このようにして生命的な古い東洋思想が西洋において学問的に見直されつつある。抽象的、分析的な「個人」と称する空虚な近代的概念は、神の絶対的支配から人間を解放して、全面的に自由たらしめようとした西洋の啓蒙思想に由来していることは明らかである。

結局、近代の人間観は、宗教的信仰を科学的理性によって、置き換えようとして提唱されたものである。

ここで注意しておくべきことは、「世界文化」と称せられるものが、その実は、ある時代に人類を強く支配した特定の民族文化の自然な発展であり、膨張であるということである。例えば、近世に入ってからは、科学と武器と黄金で全地球を席巻した欧米文化が、長い間世界文化として一般的に認められていたのである。それが時代思想の激変によって今日、崩壊の危機に直面しているのである。

第二次世界大戦後、オスヴァルト・シュペングラーが著した「西洋の没落」という本の中で説かれている末期的な不吉な徴候が欧米社会に現われているのである。それと同時に、西洋の最も進歩的な指導者層は、古代東洋の叡智に郷愁的な憧れを覚え始めているのである。

ジュネーブ大学教授であったジャン・エルベール博士が、「伊勢こそは、人間が本来の自分を取り戻すところである」と賞賛したのも、クーデンホーフ・カレルギー博士が、「伊勢の神域の自然と建築の調和の美は、天界から舞い降りたように素晴らしく感じられる」と激賞しているのも、その一例である。

欧米の最も進歩した文化科学者は、今迄人間の本性を理性的なもののみに限定してきたことの非を悟り、実証主義者がかつて掘り下げたことのない、直観の奥深い領域を学問的に探索しているのである。

文化の黎明は神話として現れるが、それは、古代文化の綜合的形態として把握されなければならない。日本神話の一大特色は、自然神話が民族的神話と不可分に結ばれていることであり、また高天原神話と出雲神話との交錯でもある。

日本神話は、神道の起源と性格と本質とを知るために欠くべからざるものであり、神道はこれを俗にいえば、いわゆる日本精神であり、日本民族共同の民族的潜在意識である。

西洋の諸国民は排他的で、不寛容な一神教のキリスト教に帰依したために、ギリシャとローマに、さらにゲルマン地方に固有な民族信仰が根絶されてしまった。そのために古代と現代との民族生命の連なりが断絶してしまったのである。それ故に、超越的な宗教と、内在的な科学とが対立して、融合できないまま今日に及んでいる。

理想主義と現実主義とを対立させる西洋の二元主義的思惟の源がこれであると思われる。二元主義的とは、理想と現実、抽象と具体、普遍と特殊、人間と自然、精神と物質、神聖と世俗、一神教と多神教が調和しがたく対立していることである。

これは、神と悪魔とが相剋するヘブライズムと、形相と質料とが優劣を争うヘレニズムから形成された、西洋文化を貫く共通の考え方である。

12　外来思想を融合する神道

明治維新以来、日本は欧米の文化制度の輸入と摂取とに専念してきた。そのために、いつの間にか国民の指導者達の頭脳が西洋流の二元主義的思惟によって、圧倒的に支配されるようになってしまったのである。

これが今日の日本における政治や経済、社会や教育、宗教や家庭や思想、その他各方面に深刻な弊害を齎している重大な原因である。

かつて聖徳太子は、世界宗教として優にキリスト教に匹敵する仏教を、徹底的に大陸から摂取され、ご自身もそれに深く帰依された。しかし、太子の真意は、仏教を他山の石として、原始信仰のままであった日本古来の民族思想、即ち神道思想を絶えまなく磨いて、本来の燦然たる光を輝かすことにあったのである。

聖徳太子の有名な「日本に種子を生じ、震旦（支那）に枝葉を現じ、天竺（印度）に花実を開く。

故に神道は仏教の根源なり」というお言葉が今日まで伝えられている。このように聖徳太子は種子である神道を発芽せしめて、それを、天を圧するような大樹に育て上げるために、支那文化と印度文化の真髄を受容されたのである。

明治天皇はこの高邁なる太子の精神を敬慕されて、西洋の優秀なる近代科学技術文明を大胆に輸入されたのである。そのために日本は世界的な大飛躍を遂げることができた。しかし、敗戦後の混乱しきった思想界は、外国から輸入した自由主義と、マルクス主義の二色に塗り潰されているような観を呈してきた。これらの思想は、古来伝統的に培われてきた、明るく健康な民族意識である日本精神とは、相容れないものである。やがて抑えられていた民族的潜在意識たる日本精神が、その本来の生命的偉力を発揮してくるのである。

前にも述べたが、「日本人とユダヤ人」という本の中で、イザヤ・ベンダサンは、「日本人は全て日本教の信者であって、日本人の中にいまだかつて、一人の仏教徒も、一人のキリスト教徒も見出したことはない。多くの仏教徒は日本教の仏教派であり、キリスト教徒は日本教のキリスト派である」と述べているが、これはなかなか面白いことをいっていると思う。

本当に日本人は、仏教徒であろうとキリスト教徒であろうと、あるいはその他のいろいろな外来思想に触れても、またどんなに長く外国生活を経験したとしても、日本的思惟から脱却できぬ程に、日本精神は民族的潜在意識として、我われ日本人の意識の奥底に深く根を下しているのである。

それは我が国においては、国民は皇室を中心とした一大家族体系として、深く国民精神の中核を成しているからである。日本の歴史を貫くものは、皇室を中心とする敬神崇祖の思想であり、国民精神がこの鉄則から逸脱しようとする時は、国民の中から常に求心的な運動が熾烈に展開されてきた。日本歴史上の三大改革といわれる大化の改新、建武の中興、及び明治維新はもとより、第二次世界大戦後において、日本の国体はＧＨＱにより未曽有の変革を余儀なくされ、皇室と国民との紐帯《ちゅうたい》が切れそうな危険に曝されたが、この重大な危機を救ったのは、真に死をもって皇室と国民との安泰を願った無名の一人の憂国の士の賜であった。この無名の士は、終戦当時、厚木飛行場に集結して、あくまで抗戦しようとした血気に逸っている二万人の日本兵を前にして、必死の飛行場の清掃を行い、米軍の無血進駐を果させたのである。

それから戦後、陛下がＧＨＱにマッカーサー元帥をご訪問になられ、陛下はご自身の生命、財産を投げ打って顧みられることなく、塗炭の苦しみの中にある国民をこれ以上苦しめないで欲しいという意味のことを、マッカーサー元帥に申し出られたという。西洋の歴史に繰り返されてきたように、戦いに敗れた国王が、その生命、財産の安全を嘆願にきたと思って、陛下を冷淡に迎えたマッカーサー元帥をいたく感激させ、後日、「そこに神を見た」と、マッカーサー元帥をして陛下を讃嘆せしめたことは広く知られていることであるが、この会見のお膳立てをしたのが誰であるかを知っている人は、案外に知られていない。

伊勢神宮にて　著者

このお膳立てには、日本の外務省も宮内庁もその他日本のいかなる政府機関も関係していないことは、当時の政府の要人が明言している通りであって、陛下もご存じなかったのである。これもまた、この無名の士の企てによって実行されたのである。

このように日本の国家的危機に際しては、必ずこれを救う運動が国民の中から勃然として出現するのである。これはまさに外国にその例をみない日本特有の現象である。

また陛下は戦後、戦災のために焦土と化した日本全国各地を巡幸され、永い間の戦争に疲れ果てた国民の前に、無防備のまま立たれて、虚脱状態にあった国民を心から激励されたのである。戦争に家を焼かれ、肉親を失い、住む家もなく、毎日の食糧にこと欠く国民は生活の悲惨さも打ち忘れて、日の丸の小旗を手に歓呼の嵐をもってお迎えし、陛下をお慰めしたのである。

戦を宣し、そして戦に敗れ、幾百万の兵隊を失わせた最高の戦争責任者である一国の国王が、完全な無防備のまま国民の前に立ち、しかも、国民はこの国王を恨むことなく、却って、陛下をお慰めしようとしたのである。このような麗しく、涙ぐましい事実が、世界の何処の国の歴史にあったであろうか。

国民のためにご自分の生命、財産の全てを投げだされた陛下、一身を捨てて、死をもって陛下と国民の幸福のために献身した一国民。このような人々が住む国は正に神国であり、その国民は神州清潔の民と呼ぶことに何の遠慮があろうか。

これは天地自然の純粋な愛情の発露であり、生命の原理に深く根ざした、生命感に溢れる純粋で素直な人間の生き方である。即ち吉田松陰のいう、「止むに止まれぬ大和魂」なのである。

13　二十一世紀は日本の世界

これまでも述べてきた通り、伝統的な日本の心は、絶対平和の心であり、これは永く我が皇室において培われ、そして今日に伝えてきておられることが理解頂けたと思う。私は日本に生れ、万世一系の平和をこよなく愛される皇室を戴くことを限りなく喜び、かつ光栄に感ずるものである。

我われ日本国民は、天皇を形式的に祭り上げることではなく、天皇に真似び、そして人間の神性を開発して、生命力に溢れた、そして天真爛漫、闊達自在で人間性豊かな、逞しい人間形成をして、生命の尊厳と永遠性を自覚し、祖国の繁栄と世界の進運に貢献する縁《よすが》とすべきであると信ずるのである。

魂の故郷を喪失した欧米の知識人は、最近とみに東洋の叡智、特に日本の生命道なる神道思想に異常な関心を寄せ、失われた魂の故郷を日本に求めている。「日本人の心のふるさと」伊勢は、今や世界人類の心のふるさとになりつつあるといってもよい。

アメリカの未来学者ハーマン・カーンは経済学的側面から、「二十一世紀は日本の世界である」と予言して世界を驚かせたが、私は今後の日本が世界に対して演ずべき役割の重大さを痛感し、人類の精神文化史的観点より、「二十一世紀は日本の世界である」と言いたい。

日本は正に天上の儀を備えた国であり、私はこよなく日本を愛し、日本に生を享けたことを心から喜び、この大いなる人類史転換の天の時に、日本人として日本に生活していることの有難さを心の底から感謝している。

世界的に有名なフランスの詩人ポール・リシャールが、かつて「日本国に告ぐ」という本を書いたが、その中の一節に、

「かくの如くして、人類の来り飲める一切の大河の合流する所に坐して、汝は互いに背馳《はいち》する渓流

を融合したり。汝は相反する二つの世界を融合せり。即ち東洋の精神的財宝を嗣《つ》げる東方の児は、今や更に西洋の児となりて、その物質的勢力を賦与せられたり。相反する精神の流れを再び相結ぶ第一の国。如何にして欧亜の思想を統一すべきかを知る第一の国。汝は相補って、将来の世界を成就すべく、これら両半球の統一者として出現したり。汝こそは将来の第一の国たるべし」と。

ポール・リシャールはこのように日本の将来の輝かしい使命を讃美している。「新しい酒は新しい革袋に入れよ」という諺があるが、今後我われは、国民の有識者の深いご理解とご協力を得て、真の日本人の自覚を啓発し、新しい日本の国生みと、世界の平和と福祉に寄与していきたいと心から念じている。

II

古代日本の神々

―古事記に記された神々―

第一章　地球人類の創成と古事記

日本民族の誕生と新しい神の再発見

古事記は日本神道の原典であり、日本の国民性や文化を知る上で欠くことのできない古典であるが、日本の創成を記したこの古事記を、荒唐無稽の空想の産物であり、単なる夢物語の神話に過ぎないとして、無視する風潮があるのも事実である。

そこで地球創成四十六億年の歴史を概括しておくことが、古事記の深遠な記述をより深く理解する為にも必要であろうかと思われる。

人類の有史以来、我われの遠い祖先は、大空に対する関心を絶えず持ち続けてきた。特に人類が農耕や狩猟を行うようになってからは、それに適した季節の目安として、星の様々な動きが注目されるようになった。例えばエジプト人は、シリウス星の出没によって、ナイル川の洪水を予知したといわれるし、古代中国ではサソリ座の主星アンタレスが真南に来るのを見て、盛夏である事を知ったのである。肉眼で見える星は、地平線より上の約五千個であるが、今や世界最大の望遠鏡では、二十億光年の彼方の天体を捉え、約三十八億個の恒星の存在を認めている。宇宙の広さは百数十億光年といわれ、この銀河系宇宙だけでも恒星の数は約一千億個ということが分っている誠に広大というも愚かな、限り無い宇宙空間なのである。

我われ地球上の人類は、この広大無辺の宇宙の中の一つの恒星である太陽を中心として太陽系宇宙の中に生存しているのは周知の通りであるが、地球の誕生については四十六億年という想像を絶するような遠い昔に遡らなければならない。

この地球の誕生については、灼熱の太陽の子として生まれたという説と、その反対に冷たい星間物質の凝集による原始太陽星雲が母胎であるという説がある。いずれの説をとるにしても地殻と海洋は何十億年もの間に、幾度も幾度も引き裂かれ、寄り集まり、沈下し、隆起し、削られ、堆積して今日の大陸と大洋を形成したと考えられている。

限りない大宇宙の中の地球上に人類が出現したのは、現在の進化論によれば、三十～二十億年前に海洋の中に発生した単細胞生物から進化し、魚類、両棲類、爬虫類、そして霊長類となり、人も猿も哺乳類の中に属している。

人と猿との共通の祖先が地上に現われたのは第三紀の時代といわれている。生物の歴史は始生代、古生代、中生代、新生代と四つの時代に区分されているが、我われ霊長類が活動を開始したのは新生代である。六千五百万年前から現在迄の時代である。その時代は造山活動が盛んで、アルプスや、ヒマラヤ山脈や、パミール高原が隆起した時代で、気候も温暖で、顕花植物が裸子植物を圧倒し、鳥類、哺乳類が世界の支配者となっていた。次の時代が第四紀といわれ、今から二百万年前から現在に到る時代であるが、この第四紀になって人類が出現してくる。厳密に言えば、この第四紀の前半百万年が氷河時代であるが、即ち二百万年~五十万年前の地球に原人と呼ばれる原始的な人が住んでいた。

この原人に続くのが旧人でネアンデルタール人と呼ばれ、氷河時代後期の前半に生きた人類であったといえよう。そして、我われと同じような新人ないし化石現生人類が、確実に地上に初めて現れたのは、ヴュルム氷期の最後の寒気が遠ざかってからのことで、現在の人類と殆ど変らない人骨を持ち、脳容量も現代の人類より多い位である。

人類は数百万年もの歴史を持ち、我われと同じホモ・サピエンスが出現してからも数十万年の歳月が経っている。それ以来の人の体は、全体として見た場合殆ど変化がないといえる。だがしかし、これを生活という角度からみれば、極めて重大な変化が起こってきているのである。

狩猟の所定めぬ放浪生活から、やがて定住して食料を生産し、家畜を飼育する安定した生活に入ったのは、僅か約一万年前のことである。

では日本民族の祖先となった人々は、いったい何時頃から日本列島に住みつくようになったのであろうか。今から九千年ないし七千年位前、縄文式文化を伝えた所謂縄文人、更に二千三百年位前から弥生文化を伝えた弥生人、狩猟遊牧を主としていた縄文時代から、定住して農耕生活を始めた弥生時代に移ってゆく。我われの祖先はこの時代に、特に農耕生活に則して五穀の豊穣を司る神を祀り、太陽神を崇拝していた。一元的でかつ多神論的な民族宗教を伝えてきたが、大陸からの漢字の伝来で、日本古来の思想は惟神《かんながら》の道、または神道とよばれ、紀元七一二年に古事記が、八年後に日本書紀が編纂されて、日本の神道思想、文化、民族性などを理解する上で欠く事のできない貴重な古典となったのである。

古事記、日本書紀には、天地の創造から始まり、皇室を中心とする日本国家成立の起源が説かれている。古事記、日本書紀が編纂されてから千三百年、今日、日本全体には八万余の神宮や神社が存在して、日本固有の国民性を培う上で、極めて重大な役割を果たしてきた。

「日本人とユダヤ人」という本の中で、著者のイザヤ・ベンダサンは、日本人は一人のこらず日本教の信者であると述べている。キリスト教徒は日本教のキリスト派にしかすぎず、仏教徒は日本教の仏教派であり、それらは全て日本化されたキリスト教徒であり仏教徒であって、純粋なキリスト教徒や仏教徒などは一人もいないというのである。

それ位、日本人の心の中には、意識の奥底深く、日本固有の民族思想が浸透しているのである。古事記や日本書紀は、編纂当時よりさらに数千年前に遡る古い祖先の伝承を数多く伝えているから、そこには民俗信仰の発展の姿を読みとることができる。

四方を海に囲まれ、四季の変化に富む山紫水明の国土の中に、自然と神と人間が素晴らしい調和を保って、自然も国土も人間も神より生まれたものとして、自然と人間は一味同根的な関係として認識されてきた。それは自然の中に神を見、人間の中に神性を見るものであった。

日本の神々には、天地創造の神をはじめ、自然を神として祀り、また歴史上の偉大な人間の霊を神として祀ったもの、また外国から渡来された神も祀られている。さらに日本では古来、死後五十年経つと人間の霊魂は神になるという信仰もある。

世界の各民族は、それぞれ天地創造の神を想定している。キリスト教ではエホバの神といい、イスラム教ではアラーの神とよび、中国では天帝と称しているが、日本では古事記の冒頭に記されている天之御中主神《あめのみなかぬしのかみ》である。しかし、キリスト教におけるゴッドと、日本の神は全く異質で一概には論じられないが、それらは普通の意識状態では目に見えないが、目に見える世界に影響を与える偉力を持った聖なる実体という点では共通している。

これは原始時代の人類の祖先達が直観的に感受し体験してきたものであるが、原始宗教を培った人間の意識の中には、恐怖心や不安も大きく働いていて、そこからくる迷信に支配されている面も決して少なくない。雷や暴風や洪水などの自然現象を神の怒りと考え、病気やさまざまな苦難を、神の冥罰としたり、悪魔の仕業と考えたりしたのである。そこでこれらの危険から生命の安全を守るために、いろいろの呪術が行われるようになってきた。従来、この呪術を宗教と考える向きもあるが、しかし、真の宗教は決して呪術ではない。宗教は人間の真に生きる道を教示し、智慧と力を与えるものである。

叡智の開発のないところには神は存在しないし、真の宗教も存在しないのである。従来の神が、また宗教が如何に素晴らしく見えていようとも、その多くは二十一世紀以後の人類を指導する権威はないと言ってよかろう。

太古、古代人によって提起された神は、中世において人間の心を捉えたが、近代に至って自然科学の発展とともに否定されたのである。だが科学がさらに進むと、物質構成の根元である原子は、陽子や電子、中性子、中間子などの素粒子からできていること、原子核は（＋）の電気を帯び、電子は（－）の電気を帯びていること、また電子は原子核の一八四〇分の一の重さしかなく、原子核の大きさをリンゴの大きさに例えれば電子の軌道は地球表面の大きさに相当するもので、原子の世界は実に空々漠々たる空間の世界であることが分かる。これぞまさしく「色即是空」である。

アメリカの原子物理学者スタインバーグは「電子は物質の世界に属するが、電子をあらしめている重力場は非物質の世界に属するものと思われる」と述べており、物質の本体をどんどん究明していくと、唯物論とは相入れない非物質の世界に遭遇するという結果となってしまったのである。

また人類は一方において、直径約十万光年に亘る銀河系宇宙の膨大な空間と、百数十億年に亘る宇宙創成以来の歴史も理解できるようになってきた。しかし、この宇宙の歴史を更に拡大して、陽子や電子、中間子などの素粒子が一切存在しなかった一千億年ないし一兆年以前の時間、空間を考えてみるなら、バイブルに書かれた「はじめに言葉あり、言葉は神と共にあり、言葉は神なりき、よろずのものこれによらで成りたるはなし、神、光あれといえば光ありき」という言葉も、決して単に未開人の荒唐無稽な言葉として、葬り去ってしまうことのできない、ある真理が込められているものといえよう。

人類文化の発祥の時期に与えられた神の理念は、時代の経過とともに成長し、そして近代自然科学によって一度は否定されたが、原子力時代の今日に至って再び人類の上に神が蘇ろうとしている。

これを弁証法的な正、反、合の理論を適用するならば、現代は正に「合」の時代であり、古代人類に与えられた神（正）とこれに相反する近代科学（反）を融合した新しい神の発見こそが、今日、切実に要請されているのである。

この新しい神の発見のために、我われは遠い祖先が守り受け継いできた古事記の再認識と再評価は、その手掛りとなるに違いない。

第二章　古代日本の神々

1　「高天原」の意味とは

高天原は、古事記や日本書紀などの古典を読む時には、避けては通れないもっとも大事な問題の一つである。

この高天原については、古来多くの学者や宗教家、神道学者などからも、色々な説がとなえられている。本居宣長などは、古事記が約一千年間、日本の国民にとって伏せられた本であったものを、彼の「古事記伝」によって、やっと世に出て、人々に読まれるようにした功労者である。

古事記で一番古いのは、所謂「真福寺本」といわれ、古事記本来の原本とは違うものであることは周知の通りである。

本居宣長も、高天原ということについては、大変苦心をし、色々と考えて、この天空の中に高天原が存在するであろうと考えた一人である。

高天原については、普通は「タカマガハラ」と読まれているが、古事記においては「タカアマハラ」と読めと注釈を施しているように、やはり「タカアマハラ」と読むのが正しいと考えられる。

新井白石などは、この高天原を地上に求めた一人であり、茨城県などにも数か所、たとえば鹿島郡の鹿島神宮の東三キロの所にある高天原、寅吉物語で有名な筑波山、寅吉の神秘な体験を通して、此処こそ高天原であろうとするもの、水戸市郊外の高天原、さらに茨城県の北方、高萩市の高天原など、色々の説があり、さらに他の県にも高天原と称せられる所がある。

しかし、高天原というのは、その第一義的な意味は、決して地上的な存在ではなく、この地上に根拠を求めるのは大変な見当違いであると言わねばならない。

私は古今の文献、自然科学、哲学、宗教など三つの柱を軸として、さらに私自身の精神的修練に基づく体験を通して、独自の全大宇宙観を形成している。

所謂、時間、空間の三次元世界を超越した四次元世界、或はさらに五次元、七次元と多くの次元の異なる世界が厳として存在していることを私は切実に体験しているものである。

我われの認識によれば、古事記の冒頭に書かれている、天地の初めという問題を解明することなしに、高天原という問題の解明には到底至り得ないと信ずる。

そこで、古事記冒頭の「天地《あめつち》の初発《はじめ》」における天地とは、いかなるものであろうか。この天地とは所謂天文学的宇宙における天地ではなくして、我われの認識や体験によれば、この大宇宙の中には、この三次元の世界を超えて、幽界があり、即ち所謂あの世があり、この幽界を更に超越した意味で、所謂使い神のおられる霊界が存在し、さらにその霊界を無限次元超越した意味において、多くの次元の神界が厳存することを確信するのである。

我われは、このような認識と体験において、全大宇宙観を形成しているものであり、そして、これらの理解のためには、時間空間の概念を次元的に切り替えて掛らなければならないが、ここでは全て割愛することにする。

したがって、古事記冒頭における天地とは、前述の全大宇宙観における、神界、霊界、幽界、現界を統合した意味での天地であって、所謂、我われの目に見える天文学的宇宙における天地ではないということを冒頭において認識しておかねば、我われのいわんとする所は、決して理解されるところではない。

そこで、天地という言葉の意味が明瞭になってきたと思われるが、その天地の初発の時とは、どういう時であるのか、この天文学的宇宙の初めではなくして、以上述べたような全大宇宙の初めという意味が、古事記冒頭の初めであることを認識しておかなければならない。

今日の天文学的宇宙観によれば、宇宙は今から約百数十億年前に、所謂ビッグバンといわれる大爆発が起こり、約三十分で宇宙が創成され、宇宙は絶えず成長し、今日、我われの目に触れる大宇宙は青年期にあるといわれる。しかし、これは三次元的な天文学的宇宙に過ぎないのである。

そこでいよいよ、高天原という言葉の解説に触れる段階にきたのであるが、前にも述べたように、古事記にも「タカアマハラ」と読めと注解を施してあるように、高天原は「タカアマハラ」と発音すべきものである。

高天原の高は、高く遠いという意味を含み、同時にこの高には、高木の神という場合と同じく、誉めたたえの意味が含まれているのである。

この高天原というのは、全大宇宙観における、その全大宇宙が第一義的な高天原である。

しかし、古事記や日本書紀や他の古典を読む時に極めて大切なことは、日本の古語には一言多義、つまり一つの言葉に多くの意味が含まれていることを念頭に置いて掛らなければならないということである。

前述の通り、全大宇宙には、神界あり、霊界あり、幽界あり、そして、その写しとしての現界が存在している。

したがって、神界には神界の高天原があり、霊界には霊界の高天原があり、幽界には幽界の高天原があり、現界には三次元的世界の高天原が存在するのである。

そこで、地球における高天原は日本である。日本における高天原は陛下の在《おわ》す場所である。

同じように幽界には幽界を統御される神、神界の大神のご分魂神が司神《つかさのかみ》として存在される。そしてその居館《きょかん》がある。その司神のおられる場所をも高天原という。

霊界においては、霊界を統括される司神のおられる居館があり、そこをも同じく高天原という。

したがって、神界における高天原は、神界を統括される主なる大神の在《おわ》す神都を高天原と称するのである。

繰り返し述べるならば、第一義的な高天原とは、全大宇宙であり、また、全大宇宙を統括される天地の主なる大神の在す神都、そこをも高天原と称するのである。これが第一義的な高天原であり、昔、江戸時代の神道学者が、この場所を「天津真北《あまつまきた》の高天原」または「北極紫微宮《ほっきょくしびきゅう》」などと呼んでいるが、これは神界の高天原ではなくて、実際は霊界即ち神仙界の高天原なのである。

したがって、神界にも多くの次元の神界が存在し、神認識もまた無限次元の存在に亘ることを知らなければ、神界について語る資格は無いし、多くの混乱が起こって来るであろう。

2　古事記冒頭の天地開闢観と、その解釈と意義

そこで、「天地の初発の時、高天原に成りませる神の御名は」と古事記冒頭に書かれている「成りませる」とは如何なることであろうか。

「成《な》りませる」と「生《あ》れませる」という言葉の相違について、ここで正しく認識しておかなければならない。冒頭の「成りませる」とは、先ず天地があって、そこに神々がお生まれになられたのでは

なくて、天地が出現する以前に神々が御出で遊ばされたということなのである。

天地があって神々が出現したのではなくて、神々がいまして、天地の創り主の大神が御出で遊ばして、この全大宇宙が出現してきた、という意味なのである。

この全大宇宙の創り主の大神を、我が神道では天之御中主大神《あめのみなかぬしのおおかみ》と申し上げている訳である。したがって、高天原は全大宇宙であり、これを宗教的に神観すれば天之御中主大神となるのである。

したがって、全大宇宙一切は、天之御中主大神の顕現に在らざるはなしということになるのである。

ニュートンの言葉ではないが、一粒の砂の中にも宇宙の神秘が込められているというのは、そういう意味である。

「天之御中主大神、次に高御産巣日《たかみむすび》神、次に神産巣日《かみむすび》神。この三柱の神は、みな独り神となりまして身を隠したまいき」と書かれている。

従来、神道学者達は「独り神となりまして身を隠したまいき」と読ませているが、これは大きな誤りであって、「隠り身にましましき」と読まなければ、この古事記の真意は把握できない。

「天之御中主大神、次に高御産巣日神、次に神産巣日神、この三柱の神はみな独り神となりまして」の神々は、所謂造化三神と称せられる神々で、高御産巣日、神産巣日と陰陽二柱に分けて述べられている。産巣日（ムスビ）の神のムスは、「苔むす」とか「むす子」とか「むすめ」などの如く、見えないものから生命力によって、形あるものに生成発展していく創造的な生命力を表しており、「ムスビ」のビは宗教的神秘力を表現する接尾語である。「ビ」「ミ」「ヒ」は皆同じ意味をもつ接尾語で「クシビ」のビ、「カミ」のミ、「タマシヒ」のヒなどは皆これである。したがって、「ムスビ」という事は宗教的神秘力を意味し、産巣日の神とは、創造的神秘力そのものである。

前述のように、高御産巣日神、神産巣日神は陰陽に分かれて、古事記の文脈によれば天之御中主大神の内分《ないぶん》である。

したがって、高御産巣日神、神産巣日神は天之御中主大神のお働きを意味しているものであって、本来は三柱の大神達はご一体なのである。

ところで、これは非常に重大な事柄であると思われるので、もう少し詳しく説明しておきたい。

先に述べたように、天之御中主大神、高御産巣日神、神産巣日神などの大神達は、宇宙における独一の「独り神」であって、我われ現界の人間達から見て隠り身であるばかりでなく、天地八百萬の神達からもまた、隠り身の神達である。

神界の事、神々の事は、人の世の尺度を以てしては、計かり知れない世界であり、飽くまで我われ人間は、神々の世界の事実に則り、神々の恩寵によってのみ、その実相の片鱗を伺い知ることが出来るのである。

そこで、天之御中主大神、高御産巣日神、神産巣日神という概念を、地上の我われ人間界に引きずり降ろして考えることは、天意を汚すことを恐れるものであるが、願わくば多くの人々にその一片鱗でも理解されることを念願して、この暴挙を敢えてするものである。

今日の最も基本的な人間学であるといわれる西洋の深層心理学においては、我われの人格を形成する中核は、もはや唯物的な平面的な合理主義の理論によっては立ち入ることの出来ない霊的な領域を持っていることが解明されている。

我われ地上の人類は、おしなべて、この人間としての人格の完成を目指して、地上の文化的な生活を推進し、高い理想を抱き、営々として真・善・美の統合された聖なるものに憧れ、これと一体化するための人類史数百万年の歴史の歩みであったと言っても過言ではない。

そこで、我われ人間の人格の中枢は、前述の通り、霊的領域であって、それは顕在意識と潜在意識とに分かれ、我われが自ら意識する自分とは、全ての意識の約五パーセントにしか過ぎず、これは現在意識または顕在意識と呼ばれ、残りの九十五パーセントは潜在意識、その背後に無意識の世界といわれる膨大な心の世界があり、これが宇宙意識と連なって我われの奥深い心の世界を通して、人格を形成していると考えられている。

バイブルには、人は神に似せて創られたと書かれているが、したがって、我われの顕在意識、潜在意識を統合した霊的な人格の中枢を、今かりそめに天之御中主大神にたとえるならば、我われの理性と感情はまた、高御産巣日神、神産巣日神という形において表現することが許されると思う。

普通、人間は地上の生活において、その存在をお互いに認識し合うためには、一番我われの五官に触れやすい肉体的存在を以て、一個人と認識し合うものであって、我われは決してお互いの霊的中枢たる人格同士が直接認識し合うものではない。

だから、現実の三次元的世界の常識を基準に考えるならば、理性と感情は幽なる神であり、それを統合する人格の中枢は、天之御中主大神と同じく幽の幽なる神に置き換えることが出来るであろう。したがって、理性と感情は、その人の霊的中枢たる人格からすれば、その人の内分に属するものである。

天之御中主大神と高御産巣日神、神産巣日神の関係もまた、幽かにこの関係を垣間見ることが出来るのではなかろうか。

しかし、そこで特に注意しなければならないことは、飽くまで神界の事は、神界の尺度、神界の掟によって測られ、認識されるべきものであって、ゆめ、人間の尺度を以て軽々しく推し測ることは、大変、罪を九天に負うものであることを銘記しなければならない。

ところで、古事記の文脈においては、産巣日神は、二柱の神達だけのように書かれているのは、大変な誤解を生むところであって、実際に実在としての創造神界においては、極めて多くの産巣日神達が在《おわ》すのであって、高御産巣日神、神産巣日神達は、その職掌を二つの系統に分けられたものに対する名称である。

次に古事記においては、「この三柱の神は、みな独り神となりまして、身を隠したまいき」と読ませ、独り神ということは、従来は結婚をしない独身の神というように、日本の神道学者、古来の宗教家達が考えていることは周知の通りであるが、これは大変な誤りである。

この真実を知るためには、神界の実在に触れ、神界の創造の掟を知らなければならない。

独り神とは、従来考えられていたように、結婚をしない独身の神という意味ではなくして、比類のない偉大なる独一の神であるという意味である。

「この三柱の神は独り神なりまして、身を隠したまいき」が誤りであることは、既に述べた通りで、これは「隠り身にましましき」と読まなければならないのである。

我われは、この世が「現《うつ》し世」であり、現し世に居る我われは「現し身」であるというように、現し世があるように、隠り世、即ち幽り世があり、したがって、「隠り世」に存在する実体が「隠り身」なのである。

古事記や日本書紀が編纂された千三百年前の日本においては、隠り身という言葉が、当時まだ生きていたのである。

身を隠したまいきということは、体が見えなくなった、消滅した、即ち肉体が滅んで死んでいかれたという意味であるが、隠り身というのは、この現し世に姿を顕されない、幽なる世界に実在しています神々であるということである。

したがって、この三柱の神は、「皆独り神となりまして、隠り身にましましき」と読むのが当然であって、この隠り身は、我われ三次元の世界に存在する人間から、隠り身であるばかりでなく、幽界や霊界からも隠り身であり、さらに多くの高い次元に在す神々からも隠り身なのである。

本田親徳翁は、幽の幽なる神と述べているが、この三柱の神達は、無限次元に亘って幽の幽なる神なのである。

我われが実在の世界について仄聞するところによれば、多くの高い神界に在します神々にも、この三柱の大神は、やはり幽なる神でおられるのである。ゆめ、このことを我われ地上の人間は、忘れてはならない極めて大切な問題である。

次に、天之御中主大神、高御産巣日神、神産巣日神などについて、我が国の神道学者や宗教家の間では、これは人智が開発されて後の、後から付加された思想史上の神であるという見解を示している者も少なくないが、これらは神界の実在に触れることのない、極めて皮相な、且つ軽薄な見解といわねばならない。

事実としての神々の世界には、古事記や日本書紀などをはじめ、日本の古典や世界の神話の中に現われてこられない多くの神々が、多くの次元に亘って実在せられ、高い神格の神々におかれては、未だかつて人間界にそのお姿を見せられなかったことはもとより、人間界に関わりを持たぬ、そして人間の存在などご承知ない神々が実在されることを、我われは現実に仄聞しているのである。

古来、日本には十万余の社が存在し、戦後の統廃合により、現在では八万余の社が存在しており、そこには、多くの神々が祀られているが、神界の上位の神を天津神《あまつかみ》、その下位なる神を国津神《くにつかみ》と仮にお呼びすることにする。勿論、断っておくが、これは古事記や日本書紀における天津神、国津神という概念とは異なるものであって、古事記や日本書紀における天津神とは、皇室に縁のある正系の神々のことをいい、国津神とは出雲系統の日本古来の土着の神々を述べているが、上述の通り、ここにいう天津神は神界の上位の神であり、国津神は神界の下位の神々をそう申し上げているだけである。

しかも、日本の八万余の社に祀られている神々の多くは、国津神の世界の中程度以下の神々からの霊線であって、天津神からの霊線は殆ど存在しないことも銘記しておくべきである。

ここで一言しておくと、ここで述べられている産巣日神と、神武以来の「産巣日神が神憑りした」ということが出てくるが、この産巣日神と、ここでいう産巣日神とは全く別個の存在である。神武以後の場合の産巣日神とは、そこの社に祀られている神という意味であって、どんな位の低い神々でも、人間からすれば、産霊《むすび》の能力即ち創造的生命力というものは遥かに多くお持ちになっておられる。その意味において、その祀られている神々を産巣日神と述べているのである。

よく人間のことを定義して「創られつつ創るもの」などと称しているが、真に創られつつ創るものとは、実在する多くの神々のことであって、人間は決して真の意味においては創造する存在ではない。

次に、古事記の文脈によると、神世七代の最後に、イザナギ、イザナミの神が出現されることが書かれている。この二柱の神が天照大御神の親神様であることは知っている人も多いと思うが、その神のご神名の意味については、あまり知られていないので、ここで私見を述べておきたいと思う。

まず、イザナギ、イザナミの「イ」は命のイ、勢いのイ、勇む、威張るとかいうように、生命力の象徴である。次に、「サ」は、触るとか、妨げるとか、誘うというように充実した生命力が、行動に移そうとする姿を象徴している。

「ナ」は、本来主に対して従、正に対して副、天に対して地という意味を持っている。ここではナとは大地を意味し、地主のことを名主といい、あるいは酒の肴、酒につきものの副食物は、昔は魚が多くとれて、一番簡単に料理が出来たので、酒のナ、即ちサカナという言葉が出来てきたのである。地震のことをナイフルというが、このナイフルのナもやはり土地のことで、大地のことを表わしている。出雲の神様のオオナモチの神のナも土地を意味するナである。

イザナギの「キ」は男性を意味する言葉であり、イザナミの「ミ」は女性を意味する言葉である。

次に、神という言葉について述べてみよう。古事記においては「カミ」とは「隠り身」のことであると述べているが、「カ」とは輝くとか、光の力で、「ミ」は我われの身であり、果物の実であり実体である。本来「カ」という古語の中には神秘な隠れた宗教的力という意味が込められており、「カミ」とは、肉眼には見えないが、光り輝く宗教的な神秘な能力を持つ実体、これを神という。だから光り輝かない神は存在しない。但し、ここにいう光り輝くとは、前述の通り三次元的な意味ではない。古事記においても「カミ」とは、隠り身の義であると述べているが、肉眼では見えないけれども、霊的能力者には光り輝いて見えるものである。また、光り輝かない神は魔物である。事実としての魔界には真っ黒な霊魂や、灰色の兇悪な霊魂達が存在して、それらが現実の人間界に対して虎視眈々として、その機会を捉えては破壊的行動をし、人間の幸福を破るような悪い影響を与えているのである。

よく悪魔とは天使の堕落したものであるといわれるが、天使から愛の光と能力が失われたものが悪魔である。上述のように、それらの霊魂達は兇悪で、破壊的で貪欲であり、更に極めて執念深いものである。邪鬼邪霊は真っ黒であり、あるいは灰色であり、または赤黒い色など様々である。だから神から光のエネルギーを得たいためにもがいているのである。それ故、神の世界がプラスとすれば、悪魔の世界はマイナスの世界である。

さて、ここで神という言葉は、目に見えないものから目に見えるものが出現するという生命発生の原理をも含んでいる言葉である。だから目に見えない世界が先に存在し、そこから目に見えるものが現象として出現し、現象世界は時間的に後であることを意味し、宇宙創造の生成発展の原理をここに述べている。それ故、神とは原理であり、法則であり、光輝く創造生命なのである。創造生命の内分《ないぶん》は愛であり、無から有を生じ、万有に遍在して万物を育む力である。キリスト教に於いては、「神は愛なり」と言っているが、この意味において、この言葉は正しいといえよう。愛は神の内分である。

日本の古語は、たったこの「カミ」という二つの文字で、重大なことを表現している。したがって、これは西洋のゴッドを翻訳した神ではない。中国の神とも違うということ、同時に幅広い、人間であれ、動物であれ、植物であれ、霊的エネルギーを持ち、人間にとって崇拝するに足るものは、全て神として崇められ、祀られてきたことを日本人は体験的に知っているのである。また日本では自然そのものの背後に霊的な存在を直観して、これを神として崇拝しているのである。本田親徳翁も「神と言えば皆同じくや思うらん鳥なるもあり石なるもあり」と詠んでいる。

さて話を元に戻して、ここでイザナギの神のもつ意味について述べてみよう。

本来は、イザナギはイサナキがなまったものである。イサナキのイサは、現在の言葉の中に残っているイサゴとかイサリ火とかイソという語に表わされるように、海岸を意味する。だからイサナとは海岸の土地の意味で、神界から海岸に降下され、海岸の土地に生命力を育む神秘な力、生命力というのがイザナギの神の意味で、これを陰陽に配してイザナギノカミ、イザナミノカミと呼ぶ訳である。

海岸の所謂、大陸棚と呼ばれる陸に近い海底に、その生命を育む力、それがイザナギ、イザナミの神であるとするならば、ソビエトの世界的に有名な生化学者Ａ・Ｉ・オパーリンがその著書「生命の起源」の中で述べていることと同じ結論に達する訳である。

オパーリンは、最初の地上生命の誕生は、大陸棚、即ち海岸から水深が五十メートル前後の緩やかな斜面の所で、太陽光線と水と炭酸ガス、空中の窒素などが化学反応を起こして、所謂、炭酸同化作用により、新しい物質が合成され、生命現象の最初の基盤となる蛋白質が出現してきたというのである。

日本の古典は、今日の高度の自然科学を以て解明された自然科学的真理を、神話という形を通して素朴に、端的にかつ優美に、生命発生の機序について、いとも簡単に言い放っている。如何に我が古典が科学的であり、そして二十一世紀を開く生命の秘儀を担っているかということが、この一例からも判ると思うが、古事記は日本国民にとって生命にもかえ難い貴重な予言の書でもある。これは日本人が永年に亘って築き上げてきた日本の叡智であり、二十一世紀以後の日本及び世界人類の運命をも暗示しているのである。

最近、日本の古神道の価値が世界の多くの識者達から熱心に注目されて来ているのは、決して偶然ではなく、また、一時的なブームでもないのである。

イザナギ、イザナミの二柱の神々が天界から舞い降りて、今の日本の淡路島をつくられて、その上に天の御柱を見立て、この柱をめぐって結婚され、そこに国生みの事をされたと古事記に書かれている。

古事記編纂当時の宮廷の修史家達の頭の中には、天地の初めということは、我われが住んでいる三次元の天地ということを思わしめながら、国生みという時、淡路島あたりを想定して描いていたことも事実であるが、そう思わしめられながら、実はその背後において、神秘な幽玄の世界を比喩的、暗示的に表現しているものだということが解らないと、神話の真意が読み取れなくなってしまう。

「天の浮橋に立たして、その沼矛を指し下ろして畫《か》きたまえば、鹽《しお》こをろこをろに畫き鳴《な》して引き上げたまふ時、その矛の末《さき》より垂《しただ》り落つる鹽、累《かさな》り積りて島と成りき。これ淤能碁呂島《おのごろ》なり。」と書かれていることは、現代人の最も不可解とすることの一つであろう。その淤能碁呂島が、淡路島であろうという漠然とした考え方を今日でも持っている神道学者が少なくない。古事記や日本書紀を編纂した修史家達の中にも、そういう意識が存在したことは否めないことである。

しかし、それは現代の天文学的ないし地球物理学的所見によれば、宇宙が百数十億年前から存在し、地球は四十六億年の歴史があることが知られており、この日本列島は、今日の地球物理学的所見によれば、今からおよそ二億三千万年位前に原型が出現し、その後大陸から分離して現在の姿になったといわれている。この島をイザナギ、イザナミの神様達が創られたというのは、どういう意味なのであろうか？

これは、決して何らかの素材をもって淡路島を創られたということではなくして、秩序のない混沌たる状態の地上に、政治的な秩序を齎したという意味で、その真意に於いては、天津神のご神格を持たれるイザナギ、イザナミの神達が、その国土統治のために、国魂《くにたま》の神を派遣されたというように解釈すれば無難であろう。本来、天津神のご神格を持たれるイザナギ、イザナミの神達であられるが、肉体化して、この地上にお降りになられると、国津神となられるのである。

ちなみに、国魂の神とは、その土地を小さく区切って、その地域の人間およびそこに関わりある生きとし生けるものを守護されるのが産土《うぶすな》の神であり、この産土の神達を統括して、例えば、常陸の国とか、武蔵の国とかというように、自然界の状態に応じて、その国土を区切り、これらを守護される神が国魂の神である。

前述の通り、地上には古来日本では、常陸の国とか、下総の国とか、武蔵の国とかというように多くの国が区分されて存在したが、神々は地上の地形の実状に合わせられ、山川草木の形状によっては、ほぼ地上の国と同じ領域の霊界を守護されるものである。

これが国魂の神であり、この国魂の神は、またさらに上位の世界の神々の統治に帰属されるのである。そして、いろいろな段階や次元を通過して、太陽神界の主神であらせられる伊勢の大神、即ち天《あま》照《てらす》大御神《おおみかみ》が統御し給うもので、最終的には天地創造の大神たる御祖大神《みおやのおおかみ》即ち、我が神道では天之御中主大神の統治に帰属し奉るものである。

そこで、我われ人間にとって、最も重要な神は産土《うぶすな》の神であって、古来産土の神は氏神とか、あるいは鎮守の杜とか呼ばれているが、本来は、産土の神と呼ぶのが正しい呼び方である。

産土の神は神界の上位の神々からご覧になれば、最も下位の神、即ち我われ人間界からすれば、最も人間界に近い神達であられる。したがって、我われの出生地の産土の神は、我われの人生に取って最も重要な関係をもっておられる神であるが、総括して述べれば、我われ個人の一切の運命を掌握されておられるのがこの産土の神である。

しかし、古来、神々の世界は人類にとって伏せられた世界であり、秘密の世界であった故に、幽界、霊界の事、況や神々の世界の事は、人間にとって全く知ることを許されない世界であった訳である。従来、神々の世界の事は宗教的天才や、優れた霊的修行者によって断片的にその消息が地上に伝えられているが、それらはあくまでその人達に対する神々からの個人的福音であって、神々の世界の認識は、天意によって人間の世界の認識に入ることを許されなかったのである。

従来の宗教に現われた神々は、その真実をいえば、多かれ少なかれ人間意識の表現であって、人間の想いの神、人間の憧れの神、人間が創り上げた神であって、実在の神とは程遠い存在であったことも、よく改めて認識しておく必要がある。

人間は神々のことを余り安易に弄び、好奇心的、現世利益的な対象としての要請が色濃く存在したことも否めない事実である。

3　産土の神と、その存在の意義

大分話が本筋からそれたが、それでは産土の神は人間にとってどのようなご存在であるのであろうか。

産土の神のご職掌は先ず第一に、その人の寿命、この世で何歳まで生きることを許されるかということ。第二にどういう理由に於いてその両親の子として、この世に誕生したかの関わり合い、親子の因縁。第三にその兄弟姉妹との因縁。第四にこの地上に於いてどのような能力を附与され、どのような使命を帯びて誕生してきたか。第五にその人の祖先の状態はどのような状態であるのか。第六にその人の前世の状態はどうであるのか、その罪障因縁についての詳細な事実が具体的に記録されている。第七にその人の地上での経済的社会的存在はどの程度許されるのか。

以上、大体のことを述べたが、これを総括して考えれば、およそ人間の運命に関わる一切のことを掌握されているのが産土の神であり、この記録の原本は遠高き〇〇〇〇の大神の許に保管されているものであるが、産土の神はそのコピーを所持せられているものである。

俗間、罪障因縁とか罪障因縁の解除とか、安易に言挙げされているが、その実際は、その本人がこの地上における天意に副った生き方を積み重ね、謙虚に陰徳を積む過程に於いて、ご神慮によって、その記録の中から具体的な罪障因縁を抹消することによって、真の罪障因縁の解除に至るものであって、みだりに人間の尺度を以て、かりそめに罪障因縁の解除を期待したり、罪障消滅などと安易に言挙げしたりするが如きは、却って天意に背き、罪を天に重ねることになるということを、切に銘記すべきである。

前述の通り、産土の神について、そのおおよそを述べたが、産土の神に関連して、ここで守護霊のことについて述べておかなければならない順序に立ち至ったと思う。

我われ人間は、肉体を持った地上の生物であるが、人間の実体は肉体ではなく、平面的唯物的な方法では到達できない、霊的な人格の中枢を持っていることは、前に述べた通りである。我われは自由意志を以て、地上の生活を営んでいるように考えているのが普通であるが、我われは原則として一人につき一柱の守護霊によって自らの人生や運命が守られていることは、最近の拙い心霊現象の実験的研究によっても、その実相の一端が世の人々に知られるようになってきた。

いま申し述べたように、原則として一人に一柱の守護霊が守護しておられるが、所謂、多才な人達には、指導霊とか支配霊などと呼ばれている、色々な霊達が関与していることが多い。

心理学においては、人間の心を上位の心と下位の心に分類して、色々な人間の精神現象の解明を行っているが、心理学にいう上位の心とは、所謂、良心であり、その良心は守護霊からささやかれる声なき声なのである。

下位の心とは、所謂、人間の衝動本能に属する心で、動物意識の一端である。また心霊科学において、背後霊という言葉が使われたりするが、この背後霊とは、本来、守護霊の目指し指導される天意に副った進歩向上の方向とは逆に、その人の誤った信念により、人間の下位の心に感応して、守護霊の座を奪い、人間を自己破壊的方向に導き、やがて人生の不幸を齎すような霊達である。

その本人の誤った思想や信念や迷信などを通して、波長相応の理によって、霊的に深い交流を持つようになり、守護霊の職責を妨げ、あたら人生を台無しにしてしまうことが、決して少なくないのである。

地上の人間が守護霊の目指される方向に、謙虚に素直に、良心に従った清純な生活行動を続けるならば、その人の霊的素質は次第に向上し、守護霊と人間との心の波長が一致し、その人の人相は守護霊の相に似て来るようになるものである。決して、守護霊が人間の顔に似て来るのではない。そして、いよいよ人間の霊的波長が守護霊のそれに一致するようになれば、所謂、人格の転換が行われる。仏教者のいう悟りの境地に到達したことになる。

そこで、その人の守護霊は一応の職掌を全う出来たことになり、それによって、守護霊自身は従来より一段高い霊的境遇に、進歩向上を許されるようになるのである。またその本人には、従来より一段高い守護霊が守護されるようになる。

これに引き替え、守護霊の導かれる方向とは逆に、下位の心即ち動物意識の赴くままに心の方向を委ねる人間は、守護霊との心の波長に大きな差異を生じ、その極限に至れば、守護霊と人間との霊的関係が遮断されてしまう。ここで人間は性格破綻をきたし、精神分裂症的現象が出現し、所謂自己破壊的衝動によって暗澹たる人生の末路を迎えねばならなくなるのである。

また、その守護霊は守護霊として本来の職務が遂行出来なかった責任を、神意に基づき、上司の霊達に問われ、守護霊を解任させられて、左遷させられたり、また一段低い位に格下げされたりする。

それから守護霊には、更にその守護霊が存在し、その守護霊の守護霊がまた存在するという形を通して、やがて産土の神に直結されていくのである。

したがって、前にも述べた通り、産土の神は人間の一切の運命を掌握される最高位の守護霊といっても大きな間違いではないと思う。更に産土の神は、その人の出生地の産土の神がその霊魂的に深い関係を持ち、もしその人が職業の故に現住所が変わったり、または女性が結婚して他家へ嫁ぐような場合、当然、産土の神の管轄が変わって来るが、その時は本人がこの現象の世界において、住所が変更する十日以前には、地上の人間が知ると知らざるとに関わらず、産土の神の世界では、次の住所の産土の神へ記録が伝達され、氏子の住所の変更について、神々の世界において礼を尽くされるものである。日本においては、産土の神は、宗教の如何を問わず、信、無信を問わず、学、不学を問わず、有神、無神の如何なる思想にも関わらず、天地の掟としての産土の神の職掌を遂行されるものである。

ちなみに外国に於いては、このような霊的組織は存在せず、中国などに於いては、所謂〇〇廟という風に祀られている御霊達が、産土の神の代行をされるものである。更に欧米などに於いては、其々の教会を守護する人霊が、産土の神の代行をせしめられているものであり、その守護の人霊は、その教会に歴史的ゆかりのある霊達が選ばれて、その任務に就いていることが多いのである。

また日本に於いては、その人の守護霊となる人達は、その人の祖先の中で特別修業を積んだ人とか、親類縁者のもので比較的性格の良い者を守護霊として、その任務に就かしめられるものである。それは勿論、終極的には産土の神のご神意を体し、上位の霊達の合議によって決められて来るものである。

以上のように、我われ日本の人々は、知ると知らざるとに関わらず、産土の神の恩恵に浴し、肯定、否定とに関わらず、所謂、三次元の世界を超えた見えない世界の恩恵により、地上の生活が営まれており、人間は生まれ変わり、死に変わり、永遠の命を生き永らえ、宇宙に於ける進歩向上の道を辿らしめられる運命を荷っているものである。

凡そ、その人が天意に基づき、素直に謙虚に純粋な心で、所謂、神道学者のいう明き、清き、直き、誠の心を以て、地上の生活を営むならば、人間は真理を会得し幸福な人生を歩む為に、もがき苦しむことは絶対に存在しない筈である。

人間という高い位に於いて、神約として、人間の人格の中枢奥深く宿っている神性が結果自然に発芽し、幾多の我が身の前世の罪障消滅、更にその人の祖先の因縁解除の恩寵のまにまに、霊性の開発即ち、叡智が開発されて、人間は少なくとも実在の産土の神、即ち神々の世界からすれば、最も低い世界に在《おわ》す神々、言い換えれば、人間界からすれば、最も我われ人間に近いご存在である神に、文字通り、面々相対して、実在の産土の神に相まみえ、ご神意を伺うことが出来るように人間は予約されているのである。

更には、高く国魂の神にも相まみえ、親しくご啓示を拝受することが出来るようになっており、また出来ねばならぬ我われ日本人の本来の姿なのである。

この観点より翻って見れば、日本の一億国民の中に、実在の神々に相まみえることが出来る人物が、果たして何人いるであろうか、世界の現状は神に遠いけれども、日本の現状は更に神に遠い。何を以て神国日本と称し、何を以て神州清潔の民といいうるであろうか。

其れにも拘わらず、前述の如く、我われ日本民族は世界の如何なる国とも異なった精神的霊的荘厳な体系の中で、遠く高く在す神々の恩寵の中に、伝統的日本の霊性を伝承し、この山紫水明の日本列島の中に、まさに優美な、そして特異的な文化形態を出現せしめてきたのである。

将に日本は天上の儀を備えた国である。我われは此のことに深く想いを致し、真の人生の何たるかを考え、人間の生きる意義と価値を沈思黙考する時、この驚くべき天地の真実に直面し、改めて「人間とは何か」という千古の命題に対して、二十一世紀的視野に於いて、我われは無限の喜びと感謝の中に於いて、その真実を発見することが出来るであろう。

神在《いま》すというところに人生の始まりがあり、神に仕えることに人生の営みがあり、その身を以て神の栄光を顕す事、そこに人生の終末があると、我われは心底深くそう考えているものである。これを神第一主義と称し、また生命至上主義と我われは呼んでいるのである。

しかし、神に仕えるとは、特定の宗教や教団に属し、朝夕神仏に手を合わせ、礼拝することを以て足れりとするものではない。真に神に仕える為には、先ず、我われは謙虚に人に仕え、社会に奉仕することから始めなければならないのである。

第三章　古事記における神々の体系と、その意義

さて古事記冒頭の三柱の大神、即ち天之御中主神《あめのみなかぬしのかみ》、高御産巣日神《たかみむすびのかみ》、神産巣日神《かみむすびのかみ》の三柱の大神が独り神でおられ、隠り身でおられたということは前述の通りであるが、次に古事記の文脈によれば「次に、国稚《くにわか》く、浮き脂の如くして、海月《くらげ》なす漂へる時に、葦牙《あしかび》の如く萌え騰《もえあが》る物によりて成りませる神の御名は宇摩志阿斯訶備比古遅神《うましあしかびひこじのかみ》、次に天之常立神《あめのとこたちのかみ》。この二柱の神もまた、みな独り神と成りまして、身を隠したまいき。上の件《くだり》の五柱の神は、別《こと》天つ神。」と書かれているが、この文章の「国稚く浮き脂の如くして」と、「海月なす漂へる時」、「葦かびの如く萌えあがるもの」これは天地のはじめの状態について同じことを述べた言葉である。

当時、浮き脂の如くという言葉が存在しており、日本固有の言葉である。くらげが海の中をただよっているような状態、また葦かびとは当時、豊葦原の葦という固有の葦に限らず、川のほとりに生えていた植物をひろく葦と呼んでいたのである。葦かびの「カビ」はつのぐむの「クム」と同じく、葦の芽がかげろうのもえる春の野に、もえるように大地から角を出して、そこに何とも言い知れぬ生命が発露し、生命感溢れる神秘さを、葦かびの如く萌え騰るものに擬えて、我われの遠い祖先は表現

したのである。

その神秘な現象の背後に存在する、この世ならぬ神秘な生命力を、その神の御名、即ち宇摩志阿斯訶備比古遅神というご神名で称え申し上げているのである。

では、宇摩志阿斯訶備比古遅神とは、一体どのような神であられるのであろうか。「うましあしかび」の「ウマシ」は大変結構なというような誉め称えの言葉である。「アシカビ」とは、葦の芽のことである。ひこじの「ヒコ」はヒコ、ヒメのヒコで、生成発展する生命力を、ひこじの「ジ」は宗教的神秘性を表わす言葉であり、したがって、「うましあしかびひこじ」の神とは、大変結構な生命力に溢れた神ということで、これは冒頭に掲げた、天之御中主大神がまさに幽の幽なる、さらにいうならば、無限次元に亘る幽の幽なる神であるのに対して、宇摩志阿斯訶備比古遅神は、この天之御中主大神のもっと具体化した生命力の大神ということを意味し、天之御中主大神の創造生命が発動して、より低次元の世界に顕現されたもので、次元を異にする神である。

したがって、前述の如く具体化し現象界に下降していく現実的力、生命力の表現であり、この神の次の天之常立神が出現せられることが書かれているが、天之常立神のトコタチとは、トキワギ（常盤木）とか、トコヨ（常世）とかいう言葉のトコと同じく、永遠不易というような意味をもたれる神であって、この天之常立神についで、次の神世七代の冒頭の国之常立神《くにのとこたちのかみ》が出現してくるが、宇摩志阿斯訶備比古遅神が天の神界に降臨、展開せられたものが、天之常立神であり、国の神界に出現せられたる大神が国之常立神である。

したがって、天之常立神は天の神界における天之御中主神であり、国之常立神は国の神界における天之御中主神なのである。しかし、天之御中主神と天之常立神、国之常立神とはその神界における次元を異にしていることを、ゆめ忘れてはならない。

古事記には「宇摩志阿斯訶備比古遅神、次に天之常立神、この二柱の神もまた独り神と成りまして、隠り身にましましき」と書かれているが、前述の通り、天之御中主神に対してもっと具現化した生命力の神という表現を前に述べたが、誤解してはならないことは、これは幽の幽なる極めて高い次元の神界における具現化であって、決して地上の三次元的現象界の具現化ではないということである。

したがって、宇摩志阿斯訶備比古遅神もまた天之常立神も、幽の幽なる神であり、また独り神、即ち独一真神《どくいつのまがみ》であって、この現実界はもとより、国津神の世界にもそのお姿を現わすことのない、幽の幽なる神である。

しかし、天之御中主神の世界からすれば、幽の顕なる神として、天津神の世界、国津神の幽の顕なる世界に対して、媒介的役割をされる神々であることを理解しなければならない。事実としての神界においては、神界を上、中、下に仮に分類するとすれば、中なる神の世界は上なる神の世界と下なる神の世界の中間にあって、上位の神界と下位の神界の媒介をされる神達がおられることは、事実としての神界の実相である。このことは、降って霊界についても同じことがいえる。上位の霊界と下位の霊界を仲立ちされる中位の神々が、まさに媒介の神々が実在しておられるのである。

話を元に戻すと、古事記における宇摩志阿斯訶備比古遅神と、次の天之常立神は、前述の通り天地《あめつち》御祖《みおや》の大神であらせられる天之御中主神の次元を異にしたその世界における天之御中主神の顕現でおられる。この大神のご存在は、国津神でもご承知のない神々が多くおられることを仄聞しているのであるが、我われ人間界から隠り身であることは勿論のこと、人間界から遠高く隠り身でおられる天津神、国津神の世界からも、隠り身でおられる、まさに幽の幽なる神である。それ故に、古事記においては天之御中主神より天之常立神に至る五柱の大神について「上《かみ》の件《くだり》の五柱の神は別天津神《こと》」というように注釈が加えられているのである。

これは次に述べられる神世七代と区別する意味において、敢えて、古事記の編者達は注釈をつけているのであり、それもまた当然といわねばならない。

ここで神世七代の神にふれる前に、古事記冒頭から述べられている「天地の初発《はじめ》の時、高天原になりませる神の御名は天之御中主神。次に高御産巣日神。次に神産巣日神。この三柱の神はみな独り神となりまして、隠り身にましましき」と述べられているが、ここでの「次に」という言葉の意味について述べておかなければならない。

ここに述べられている「次に」は、これは決して時間的序列における「次に」ではなくて、論理的表現のための「次に」であって、前にも述べた通り、「高御産巣日神と神産巣日神は天之御中主神の内分であられて、この三柱の神はご一体であり、高御産巣日神、神産巣日神は天之御中主神の御働き」ということであって、これで分るように、ここにおける「次に」は決して時間的序列を述べたものではないことが理解されると思う。

更に、ここで、独り神という言葉は、前にも述べたが、これは男女両性の神に対する独り神というような意味ではなくして、独一の比類なき優れた御能力をお持ちの神という意味である。事実としての神界には、このように独り神とまた両儀に並び存する神々がおられるのである。独り神に対する言葉は二神《ふたがみ》という言葉がある。日本にも方々に何ヶ所か二神山という言葉があるが、ここにおける二神はまさに、独り神に相対する言葉である。

もしこれを、次元を低めて、我われ人間の体にたとえて表現するならば、我われの体の器官の中で、肺臓とか腎臓とか両に相存する器官と、心臓とか胃とか脾臓とか一つしか存在しない器官があるのと同じような意味なのである。これは、神界における創造の発展形式は、いわば生物学における系統樹のようにいろいろな種類の方向への発展形式があり、この独り神、二神という場合、その創造的発展の方程式は違った方程式をもつものであるということを理解しておかなければならない。

更に前の項でも述べておいた、イザナギ、イザナミの神の場合、古来日本の神道学者や宗教家、その他の専門家と称する人達は、イザナギの神、次に妹《いも》イザナミの神と書かれておるが、これは神世七代の時にいま少し触れなければならぬことであるが、ついでにここで述べておくと、イザナギの神に対して妹《いも》イザナミの神という言葉、イザナミの妹に惑わされて、兄弟の神で兄妹の神が結婚して、神生みをし、国生みをしたように、言挙げしている学者も少なくない。したがって、人間的な尺度において、日本の遠い御祖の神達は近親結婚であり、近親相姦の神達によって、日本の神々や日本の国土が創られたかのように錯覚をしている者達が多いのは、事実に悖《もと》ること甚だしく、天地の真実を愚かな己の近視眼的視野において創造の原理を弄ぶものである。

神界における創造の原理として、神界には主なる神と妹なる神という職掌上の位が存するのであって、決して兄妹というような近親結婚、さらに近親相姦というような神々ではないことを、厳に認識を新たにしなければならない。

次に、古事記の文脈によれば、別天津神五柱の大神の後に神世七代のことが記されているが、「次に成りませる神の御名は国之常立《とこたち》神、次に豊雲野神《とよくものかみ》。この二柱の神もまた独り神と成りまして隠身にましましき」と書かれている。別天津神五柱の神の時に述べておいたように、宇摩志阿斯訶備比古遅神《うましあしかびひこじのかみ》は産巣日神達の直接のご分魂であり、具現神である。したがって、この神々はこの世流に表現すれば、数多く在すのである。

そこで、天之常立神と国之常立神との関係について述べるならば、この常立神達の根元においては同根であり、同格である。天之常立神は天界における宇摩志阿斯訶備比古遅神の顕現であり、ご分魂である。

国之常立神は国津神の世界における宇摩志阿斯訶備比古遅神の顕現神であり、ご分魂である。前述の通り、その根元においてはこの二柱の常立神達は同根で同格であるが、顕現される位において同位ではない。

天之常立神は天津神の世界における宇摩志阿斯訶備比古遅神の顕現神であり、国之常立神は国津神の世界における宇摩志阿斯訶備比古遅神の顕現神であられる訳である。したがって、天津神の世界及び国津神の世界は天之常立神及び国之常立神が在して、初めてそれぞれの神界が成り立ち、その基礎が万古不易のものになっていくのである。

したがって、神世五柱の別天津神の世界と同じく、独り神であり、隠り身でおられるのである。

これらの神達は、別天津神五柱の神達が超越して内在、内在にして超越され、万物万象に潜在あらせられる幽の幽なる神であるのに対して、この常立神達はそれぞれの神津世における天之御中主大神の御位をもたれ、それぞれの世界に対して主管の神であり、職掌の神ではないのである。

古事記編纂の当時においては、天地の初めという時、この目に見える天文学的宇宙を天地と考えたのも事実であるが、ご神意としては、その背後に無限次元に亘る不可見界の天地の初めを暗示せしめられるものである。したがって、天之御中主大神をはじめ、産巣日神達、宇摩志阿斯訶備比古遅神は幽の幽なる神であり、天之常立神、国之常立神などは幽の顕なる神として、一段と我われの現象世界に近い次元に下降顕現せられ、目に見えない世界から目に見える世界が出現してくる生命の原理を、春の野に葦の芽が角ぐむ姿に、この世ならぬ神秘な生命感を感じ、その御名を宇摩志阿斯訶備比古遅神と申し上げたのである。そして、この宇摩志阿斯訶備比古遅神が天の世界、地の世界に顕現せられて、天之常立神となり、国之常立神となられ、前述の通りその世界においては、それらの神々がおのおのもの世界における天之御中主大神と、多くの神々は拝し祀っているのである。

次に、国之常立神の後に、「次に豊雲野神《とよくものかみ》」というご神名があり、この二柱の神もまた独り神で、隠り身でおられたことは、前にも述べた通りであるが、それでは、豊雲野神とは如何なる神であろうか。

豊雲のトヨはおめでたい言葉であり、クモはカビ、クヒ（クイ）と同じく神秘な生命力によってそれが具象化していく、例えば葦芽《あしかび》の葦の芽が角ぐむという場合のクムと同じく、そういう神秘な生命感を表現する言葉であって、古事記や日本書紀を拝読するに当たっては、日本本来の言葉、一字一字の意味が大事であって漢字の意味に捉われてはならないということである。

日本に漢字が輸入されてから、日本の言葉に漢字を導入して、本来の日本の言葉の意味を表現しようと、苦労した跡は十分に窺われるが、漢字の意味は決して日本の古来の意味を十分に表現するものではない。

例えば、日本のカミは、漢字の神で表現されるが、日本の神と中国の神とは似ても似つかぬ存在であり、また西洋文明の到来とともに西洋のゴッドが、漢字の神に翻訳されているが、これもまた日本の神、中国の神とは似ても似つかぬものであることは、既に周知の通りである。

豊雲野、「トヨクモノ」の「ノ」は野原のことを表現し、したがって豊雲野神とは、宇摩志阿斯訶備比古遅神が、産巣日神達のご分魂《ぶんこん》であり、直接のご分魂であり、顕現神であるように、豊雲野神もまた宇摩志阿斯訶備比古遅神の直接の顕現神であり、お働きと考えれば無難であろう。

したがって、この神達は無限の高い次元に在す天地御祖の大神の、神秘極まりないお働きが段々と次元を下降して、少しく現実界に近い次元に顕現せられた神々であって、したがって、天之御中主大神や高御産巣日神、神産巣日神達が幽の幽なる神、いや無限次元に亘る幽の幽なる神であるのに対して、この神達は幽の顕なる神として、我われ人間界に一歩近づかれたご存在なのである。

しかしながら、決して人間なみの、人間の尺度でもって神界のことを推し量ってはならない。飽くまでもこの神達もまた比類なき独一の大神であって、我われ人間界からはもとより、多くの国津神からもまた隠り身で在し、この大神が厳然として在すことを知らぬ国津神達も、多くおられるということを仄聞しているのである。

神界のことは叡智を以て、いな超叡智を以て、霊智を以て、更に神智を以て拝さなければ、その真相は到底理解できるものではなく、人間の位においては、国津神の神界の末端であられる産土の神、さらにその上位の国魂の神の世界までが、人間として幽《かそ》かにその認識を許されている世界の限界であって、それ以上の世界は、全く秘密の世界であるということをゆめ忘れてはならないし、決して人間は神のことを考える時、人間の狭い心の尺度で推し量ってはならないということを、十分に心しておかなければならない。

次に、古事記の文脈によれば、「次に成りませる神の御名は宇比地邇神《うひぢにのかみ》、次に妹須比智邇神《いもすひぢにのかみ》。次に角杙神《つのくひのかみ》、次に妹活杙神《いもいくぐひのかみ》」と書かれているが、宇比地邇神とはいかなる神であろうか。

宇比地邇の「ウ」は誉めたたえの言葉であり、比地とは土、泥の意味であり、宇比地邇の「ニ」は「あなにやし、えおとこを」の「ナニ」と同じく敬愛の情を示す言葉である。

したがって、宇比地邇神とは、いわば今でいえばデルタ状の土の生命力、そこから植物が角ぐむ生命感に事寄せて、ご神名として申し上げているのである。

次に、妹須比智邇神と書かれているが、妹とは次にくるイザナギの神、妹イザナミの神と同じく、兄弟における兄妹という意味ではなくて、これは神界における創造の原理に深く根ざしているのであるが、神界における創造は主なる神と従なる神が存在しなければ、創造行為は行われない。したがって、従なる役割を演ぜられる神を妹なる神と申し上げるのである。

そこで、須比智邇神の「ス」は川の流れの中で、水の流れない土の盛り上がった所、即ち洲の場所の土地を「スヒヂ」という。須比智邇の須は宇比地邇のウと同じく敬愛の情を現わしたものである。

したがって、宇比地邇神、須比智邇神達は、豊雲野神が下降顕現されて、国津神の世界の基盤が次第に出来上がっていく状態を意味したものである。

次に、角杙神、次に妹活杙神と書かれているが、角杙の「クヒ」は先ほどの角ぐむ葦芽と同じように、葦の芽がかげろう萌える春の野に、芽を大地から出していく、そこに我われの遠い祖先は、いい知れぬ神秘な生命感を認め、その現象に事寄せて、その生命力を在らしめている神をこう申し上げたのである。

次に妹活杙神、これは活杙の「イク」は生命力そのものであり、クヒもツノクヒのクヒと同じく、生命力が具現化していく姿を、ご神名として申し上げているのである。

次に、古事記においては、「次に意富斗能地神《おおとのぢのかみ》、次に妹大斗乃辨神《いもおおとのべのかみ》、次に於母陀流神《おもだるのかみ》、次に妹阿夜訶志古泥神《いもあやかしこねのかみ》。次に伊耶那岐神《いざなぎのかみ》。次に妹伊耶那美神《いもいざなみのかみ》」と書かれているが、意富斗能地神とは、「オオ」は勿論誉めたたえの言葉であり「ト」は土を意味し、土地を意味するトであり、大地を意味する日本の古語の流れに、ナとトと二つの言葉があることは既にその道の研究者であれば周知の通りである。例えば、外のト、所のトなどがこのトであり「ナ」は大穴牟遅神《おおなむちのかみ》、少名毘古那神《すくなひこなのかみ》などのご神名や、「ナイフル」のナとか、名主のナなども、皆この土地の意味であり、トよりナの方が日本の古い言葉であると思われる。

意富斗能地の「ヂ」は宇摩志阿斯訶備比古遅神のヂと同じく、宗教的神秘力を意味する接尾語である。

次に妹大斗乃辨神であるが、オオトノベの「ベ」は女性を意味する言葉であり、意富斗能地神、妹大斗乃辦神もやはり創造行為における主と従の役割の相違を意味している。ここに至ると、幽の顕なる神として、勿論、国津神の世界であるから大斗乃辦神の場合は男女における女性の意味も含まれている。

次に、於母陀流神、次に妹阿夜訶志古泥神というご神名が出てくるが、於母陀流神とは万葉時代にはまだ生きていた言葉であるが、今は廃語になって使われていないけれども、ご機嫌うるわしく、満面の笑みを湛えておられる神という意味である。

次に、妹阿夜訶志古泥神の「アヤ」はアラとかアアという言葉と同じく、感歎の言葉を意味し、カシコネのカシコは恐れかしこむという意味で、ネは敬愛の情を述べる言葉であって、恐れ多いけれども親しみ深い神という意味が込められており、もはやこの次元においては、段々次元が下降して、この現実界に大変近い次元に下降されて、今流にいえば心眼を以てすれば、この神々のお姿を拝することが出来るような次元まで、具象化してきていることを意味するのである。

次に、神世七代の最後の神として、伊耶那岐神、妹伊耶那美神のことが書かれているが、この神達は、まさにこの世に、初めて肉体化し顕現せられた神達であって、この神達の御魂は、天津神の位を持っておられるが、天津神の特別の御心によるご神意を体して、地上経綸のために肉体化し、地上に顕現せられた神達であって、前にも述べているように、イザナギのイザは、漁火とか磯とかいう言葉のように、磯のこと、海岸のことを意味し、ナは大地を意味し、キは男性を意味する言葉であり、イモイザナミの神のイモは先に述べているように、主なる神に対する従なる神を意味するイモでもあるが、このイザナミの神の場合は、このイモに妻であることの意味も込められているものである。「イザナミ」の「ミ」は、勿論、女性を意味するミである。これについては詳しく述べねばならないが、ここでは割愛しておく。

古事記の文脈によれば、前述の国之常立神から妹伊耶那美神までを、合わせて神世七代という書かれているが、神世七代が国津神の世界であるのに対して、別天津神五柱の神の世界は、まさに幽の幽なる神であり、神世七代は幽の顕なる世界であって、伊耶那岐、伊耶那美神の神達は、遠高く天津神のご神格を持たれながら、ご神命によりこの現世に肉体化せられた神達であるが、今日では神々の肉体化について、聊か疑心を抱き、抵抗を持たれる文化人が少なくないと思うが、今日にいう所謂、霊魂の物質化現象、物質の霊魂化現象ということを考え合わせれば、この神達が高い御魂でありながら、ある時は肉体化し、ある時は肉体が霊魂化し、顕幽の間を自由に往来せられた偉大なる大神達であることが窺われるのである。

この神達が、イザナギ、イザナミ即ち海岸に遠高き天界より舞い降りて、地上生命の発生を促された大神達であることを考えるならば、前にも述べた通りソ連の生化学者オパーリンがその著書「生命の起源」において述べているように、地上生命は海岸の大陸棚から発生していることを考えるならば、我が古典の素晴らしさが、極めて明快に窺われるであろう。

まさに海岸は地上生命発祥の地であり、イザナウという言葉は誘うという意味であるが、我われが夏の太陽の光の中で大人も子供も天真爛漫に、裸になって海岸に戯れる姿は、まさに我われ人類が、生命の故郷を求めて童心に返り、生命の根源に憧れる潜在意識的要請の紛れもない事実であることを知ることが出来るのである。

我われはそこにおいて、地上生命の発生の時さながらに、創造行為を通して生命の根源を拝み、生命の故郷に帰りたい切実な願望を見出すものである。

著者略歴

鴨志田《かもしだ》 恒世《つねよ》

大正 11 年 8 月 6 日　茨城県日立市に誕生される。
昭和 22 年　東京医科歯科大学卒業
昭和 23 年　東京大学医学部選科卒業
昭和 24 年　日立市に歯科診療所を開設
昭和 26 年　法政大学文学部哲学科卒業
昭和 31 年　東京大学医科学研究所入所
昭和 35 年　東京大学より医学博士号を受領
昭和 43 年　社会教育団体わたつみ友の会会長に就任
昭和 48 年　東京新宿に太陽歯科医院を開設
昭和 62 年 9 月 4 日　逝去される。

先生は、日本最古の古典である古事記の神々の世界は、実在の世界である事を明らかにされ、理性以上の能力である叡智（霊性）が古代から我が国に連綿として伝えられており、それを伝統的日本の霊性と呼ばれて、日本の生え抜きの純粋な心である神道の真髄であると説かれた。

そして、神いますことの証として、天与の叡智以上の卓越した精神的能力と、人間に対する限りない慈愛を以て、不治の病を癒し、極めて深刻な人生の苦悩を解決に導き、多くの奇蹟的事実を示された。

また、「わたつみ友の会」を通じて、日本人が悠久の時を経て培って来た神道の思想を生活原理として、十か条の生活綱領を提示され、日常の実生活に密着しながら、心の進化向上、真実の愛を身に付ける為の実践を強く促され、貴賤賢愚に関わらず人間に予約賦与され、人間を真の実存に導く叡智（霊性）への階段を昇ることを生涯に亘って訴え続けられた。

著書として、「“愛”の創造」「深層心理の世界」「幽玄の世界」があり、遺作として「日常生活における深層心理の影響」「生活綱領解説」「天音」「歌集わたつみ」「鴨志田恒世全著作集」「幽玄の世界」—追補版「叡智への道標」「自らの道を選べ」「二十一世紀の倫理観」等がある。

新装版 幽玄の世界　神道の真髄を探る

2023年3月13日　第1刷発行
著　者　鴨志田 恒世
発行人　大杉　剛
発行所　株式会社 風詠社
〒553-0001　大阪市福島区海老江5-2-2
大拓ビル5-7階
TEL 06（6136）8657　https://fueisha.com/
発売元　株式会社 星雲社
（共同出版社・流通責任出版社）
〒112-0005　東京都文京区水道1-3-30
TEL 03（3868）3275
企画・制作　NPO法人わたつみ友の会
〒317-0071　茨城県日立市鹿島町1-1-15
TEL 0294（21）1408
https://www.watatsumitomonokai.org/
印刷・製本　シナノ印刷株式会社

ISBN978-4-434-31485-8 C0014

鴨志田 恒世 著作集

著者はその全生涯を通じての自然科学、哲学、宗教の分野における血の滲むような研鑽、厳しい肉体的修練と、天与の卓越した精神的能力によって齎された、人類史始まって以来の命題、「人間とは何か」、「人間の生きる意義と目的」を究明し、全く新しい画期的人間観を確立した。

そして其の考え方、思想、生活の在り方を普及啓発する為、昭和四十三年に組織された社会教育団体「わたつみ友の会」の会長として、現在のNPO法人を通じて、「人間存在の価値」、なかんずく「日本人としての真の生き方」、日本の伝統文化の価値観に基づく「人間の本当の幸せとは何か」を、論文、講演により一貫して活発な社会啓発活動を展開した。

更に著者がこよなく日本を愛し、人間に対する比類の無い深い愛情と、大いなる慈悲心を以って、不治の病を癒し、人生の極めて深刻な苦悩を抱えた人々を幸せに導き、多くの奇蹟的事実を示されると共に、あらゆる機会を通じて、其の思想と生活のあり方の普及に努められ、昼夜を分かたぬ社会啓発活動と、地上楽園の実現のために其の全生涯を捧げ尽された記録でもあります。

時代の潮流に流されず、日本国の安寧と世界の平和を願い、人生を真剣に真実に生きようとされておられる諸兄姉に、是非ご一読いただきたい著作集であります。

〝愛〟の創造　希望の精神革命をめざして

奇蹟的事実は私達に何を語りかけるのか！

人間の本質は〝愛〟であると宣言し、現代社会の人々を捉えて離さない絶望的不安を解消して、救いの道を示唆する真の人間性の回復の書

B6判　一二〇〇円（税込）

〝愛〟の創造　希望の精神革命をめざして　（同名の新書版）

日本図書館協会選定図書（社会科学分野）！

本書は失われた人間性の恢復を目指し、新しい人間像をうきぼりにすることによって、生命至上主義の思想を高らかに掲げようとするものである。

新書判　一二〇〇円（税込）

深層心理の世界　人間性の回復をめざして

私達の運命をも左右する心の深層とは！

私達が意識している心とは、心の広大な領域のほんの一角であり、ほとんどが意識されない領域である。そして、我われの人生の歩みを決定付けているものである。その心の神秘を解き明かす。

B6判　一二〇〇円（税込）

幽玄の世界　神道の真髄を探る

伝統的日本の霊性とはいかなるものか！

新しい世紀に入っても依然、環境破壊が進み、世界中で争いが絶えない中、伝統的日本の霊性に隠された叡智が人間存在の根拠と、そこに付託された使命を明らかにして、来るべき未来を切り開く、未来を予見する書。

B6判初版　一二〇〇円（税込）　B6判復刻版　一四〇〇円（税込）

幽玄の世界 - 追補版　神道の真髄を探る！

古代日本人は大自然の大法のまにまに、天神地祇と共に生きた自然人であった。天与の卓越した精神的能力と慧眼を以て、古事記冒頭に記された神々は実在されると明言され、日本人と日本文化の最基層に流れる神道の真髄を明らかにされて、人々を生命の故郷、その本源にいざなう書。

B6判　一五四〇円（税込）

叡知への道標　真の人間性の回復を目指して

人間の内奥に予約賦与された理性の能力を超える叡智の開発！

二十一世紀的視野において、人類に課せられた解決困難な諸課題を解決に導くには、理性の能力を超える叡智の開発の絶対の要請があるとして、伝統的日本の心、惟神の道にその秘鍵があると明言され、真の人間性の回復を目指して、その道標を示す書。

B6判　一五四〇円（税込）

自らの道を選べ　真の人間性の回復を目指して

伝統的日本の叡智への帰趨こそが明るい未来を切り拓く！

人間性の喪失が叫ばれて久しい。科学技術の驚異的発展はそれを助長し、今般の感染症の拡大、地球環境の破壊、政治経済の行き詰まり等は従来の理性的考えの限界を示している。人類に明るい未来を齎すのか、それとも滅亡の危機に曝すのかの分水嶺に立ってその選択を迫っている。

B6判　一五四〇円（税込）

二十一世紀の倫理観　真の人間性の回復を目指して

二十一世紀に相応しい倫理観と行為の規範を提示する！

人類は其の高度な物質文明を以て地球上で最も繁栄する種となった。しかし、今やその文明が人類存亡の危機を齎そうとしている。その原因の一つは、小宇宙（ミクロ・コスモス）と言われる人間性の究明を怠ったからにほかなりません。

B6判　一五四〇円（税込）

以下の著書は、伝統的日本の心に万人が求めて止まない真の幸福と自由を獲得する道があるとして、私達の心を捉えて放さない不安と自己破壊的衝動を再生命化して、明るく充実した人生を送るための画期的啓発の書である。

鴨志田恒世全著作集（第一集〜第八集＋補集＋補巻）

わたつみ友の会創立四十周年記念事業として、機関紙「わたつみ」に掲載された六十数回に亘る精神文化講演会での本会会長鴨志田恒世先生の講演録及び「日本のこころ」、折々の論文、「生活綱領解説」「天音」をも合わせて網羅しまとめたものである。

新書判　各九八〇円（税込）

幸福への探求　日常生活に及ぼす深層心理の影響

鴨志田恒世 全著作集「補巻」として発刊！

本書は、平成八年に発刊された同名の新書版である。この著作は、日常の生活をする中でのより具体的事例を取り上げ、深層の意識が実生活に如何に影響を及ぼしているかを明らかにして、その歪みの原因を究明して、更にその歪みを是正する方法を私達に教示している。

新書判　九八〇円（税込）